www.ingramcontent.com/pod-product-compliance
Lightning Source LLC
LaVergne TN
LVHW020442070526
838199LV00063B/4827
* 9 7 8 9 3 5 8 7 2 7 4 5 6 *

ممتا کی چوری

(ڈرامے)

مرتبہ:

سید معز الدین احمد فاروق

© Taemeer Publications LLC

Maamta ki Chori (Urdu Dramas)
by: Syed Moizuddin Ahmad Farooq
Edition: April '2024
Publisher :
Taemeer Publications LLC (Michigan, USA / Hyderabad, India)

ISBN 978-93-5872-745-6

9 789358 727456

مرتب یا ناشر کی پیشگی اجازت کے بغیر اس کتاب کا کوئی بھی حصہ کسی بھی شکل میں بشمول ویب سائٹ پر اَپ لوڈنگ کے لیے استعمال نہ کیا جائے۔ نیز اس کتاب پر کسی بھی قسم کے تنازع کو نمٹانے کا اختیار صرف حیدرآباد (تلنگانہ) کی عدلیہ کو ہو گا۔

©تعمیر پبلی کیشنز

کتاب	:	**ماماتا کی چوری** (ڈرامے)
مرتب	:	**سید معزالدین احمد فاروق**
کمپیوٹر کمپوزنگ	:	ساحل کمپیوٹرس، مومن پورہ، ناگپور
پروف ریڈنگ / تدوین	:	اعجاز عبید
صنف	:	ڈراما
ناشر	:	تعمیر پبلی کیشنز (حیدرآباد، انڈیا)
سالِ اشاعت	:	۲۰۲۴ء
صفحات	:	۱۳۰
سرورق ڈیزائن	:	تعمیر ویب ڈیزائن

مامتا کی چوری (ڈرامے) 5 مرتب : سید معز الدین احمد فاروق

فہرست

(۱)	پیش لفظ	محمد امین الدین	6
(۲)	مقدمہ	معز الدین احمد فاروق	8
(۳)	ترکی حور	آغا حشر کاشمیری	14
(۴)	بیگم کی بلی	امتیاز علی تاج	35
(۵)	مامتا کی چوری	سعادت حسن منٹو	46
(۶)	اس منجدھار میں	سعادت حسن منٹو	60
(۷)	انجام بخیر	پطرس بخاری	108
(۸)	دروازہ	کرشن چندر	116

پیش لفظ

ڈراما یونانی زبان کے لفظ "ڈراؤ" سے مشتق ہے۔ جس کے معنی ہیں عمل یا ایکشن، ہر ملک اور ہر زبان کی تعریف کے مطابق ڈراما انسانی زندگی کی عملی تصویر مانا گیا ہے۔ قدیم زمانے سے لے آج تک فنی اصطلاح میں ڈراما کا اطلاق اس صنف ادب پر ہوتا ہے۔ جس کے الفاظ میں گفتار کی متحرک قوت اور کردار میں عمل اور ارادہ کی کیفیت موجود ہے۔

آج اردو ڈراما کا تذکرہ کرتے ہوئے صرف ماضی کی داستان اور قدیم اسٹیج اور تھیٹر کی کہانیاں دہرائی جاتی ہیں۔ اس کا سب سے بڑا سبب اسٹیج اور تھیٹر کی عدم موجودگی ہے۔ کیونکہ ڈراما صرف لفظی و کاغذی پیرہن سے مکمل نہیں ہوتا۔ یہ آرٹ زندگی کی سچی نقالی ہے اور اس کی تشکیل و تکمیل کا دارومدار نقل و حرکت پر ہے۔ یعنی ڈراما کی برکت اسٹیج اور تھیٹر کی تمثیلی حرکت ہی سے ہے۔

ڈراما خواہ اسٹیج کا ہو یا ریڈیو کا، جہاں تک فنی لوازم و عناصر کا تعلق ہے اس کے ترکیبی اجزا سوا معدودے چند ہیئتی تبدیلیوں کے یکساں ہوتے ہیں۔ جب ہم فن ڈراما کا ذکر کرتے ہیں تو لازمی طور پر ہمارے سامنے تھیٹر اور اسٹیج کی تشکیل ہوتی ہے۔ ہر ڈرامے میں حسب ذیل اجزا یا عناصر ترکیبی کا ہونا ضروری ہے۔ اگر ان میں سے ایک بھی کمزور یا غائب ہو تو وہ ڈراما مکمل شکل اختیار نہیں کر سکتا۔

۱۔ کہانی کا مرکزی خیال یا تھیم ۲۔ پلاٹ ۳۔ آغاز

۴۔ کردار و سیرت نگاری　　۵۔ مکالمہ ۶۔ تسلسل، کشمکش اور تذبذب

۷۔ تصادم　۸۔ نقطہ عروج و کلائمکس (Climax))　۹۔ انجام

سید معز الدین فاروق صاحب نے جس ماحول میں آنکھیں کھولی وہ گھرانہ ایک تعلیم یافتہ اور نہایت ہی مہذب گھرانہ ہے۔ انھوں نے موروثی وضعداری کو قائم رکھا اور ایم اے (اردو) کا امتحان امتیازی حیثیت سے کامیاب ہو کر ناگپور مہاودیالیہ (ماریس کالج) میں بحیثیت لکچرار ملازمت کا سلسلہ شروع کیا۔ بچپن سے مطالعہ کا شوق رہا اس لئے مختلف اصناف ادب کا مطالعہ رہا لیکن خصوصیت سے ان کا رجحان فن ڈراما پر رہا۔

اس کتاب میں شامل تمام ڈرامے بھی ان شہرہ آفاق ڈرامہ نگاروں کے ہیں جنھوں نے اس فن کو عروج کی منزلوں تک پہنچانے میں کسی قسم کی کوئی کسر نہیں چھوڑی ہے۔

ان ڈراموں کے انتخاب کو مرتب کرنے کا ان کا مقصد یہ تھا کہ بعض کتب نایاب ہو چکی ہیں۔ جو ڈھونڈنے سے بھی نہیں ملتی۔ ایم اے کے نصاب میں ایک پرچہ ڈرامہ اور فکشن پر ہوتا ہے۔ جس کے لئے طلباء و طالبات کو دشواریوں کا سامنا کرنا پڑتا ہے۔ اگر اس طرح کا ایک انتخاب منظر عام پر آجائے تو طلباء و طالبات ایک بڑی پریشانیوں سے نجات پا جائیں گے۔

مجھے امید ہی نہیں یقین کامل ہے کہ ''اردو ڈرامے'' بھی ان کی دیگر تالیف کی طرح قبول عام کی سند پائیں گی اور اردو ادب کی اس صنف سے رابطہ رکھنے والوں کے لئے تفریح طبع اور تفنن طبع کے لئے دل بستگی کے مواقع فراہم کرے گی۔

محمد امین الدین

۳۰/اپریل ۲۰۰۶ء، ناگپور　　ایڈیٹر قرطاس، ناگپور

مقدمہ

ڈراما یونانی زبان کا لفظ ہے جس کے معنی ''کرنا'' یا کر کے دکھانا ہے۔ اسے ''زندگی کی نقل'' اور ''انسانی زندگی کی عملی تصویر'' بھی کہا گیا ہے۔ چونکہ اس عملی تصویر کو اسٹیج پر دکھایا جاتا ہے۔ اس لئے اسٹیج سے اس کا بڑا گہرا تعلق ہے۔ اس کی صحیح تعریف یہ ہوئی کہ ''ڈراما'' ایک ایسی صنف ہے جس میں زندگی کے حقائق نقل کے ذریعہ اسٹیج پر ابھارے جاتے ہیں۔ نیلمس نے زندگی کے مادی حقائق سے ڈرامے کے ربط کو حسب ذیل خاکے میں واضح کیا ہے۔ (ڈاکٹر محمد حسن)

ڈراما عالمی ادب میں ایک امتیازی مقام رکھتا ہے اور فنون لطیفہ کی قدیم ترین شکلوں میں سے ہے۔ کہا جاتا ہے کہ ڈرامے کی تاریخ دو ہزار سال پرانی ہے۔ یہ بھی کہا گیا ہے کہ ڈرامے کا وجود دنیا کے وجود کے ساتھ ساتھ ہوا ہے۔ وحشیوں کا جنگلوں اور پہاڑوں میں لباس و آرائش سے بے نیاز ہو کر آگ روشن کرنا، ناچنا، گانا اور اپنی بولیوں میں آوازیں نکالنا ڈراما ہی تھا اور ان کے حالات، زندگی اور وقت کا آئینہ دار تھا۔ جیسے جیسے انسانی تہذیب ترقی کرتی گئی ویسے ویسے وحشت، جہالت اور ظلم کم ہوتا گیا اور دیومالا اور ناٹک کتھاؤں کو رواج ملا۔ مذہبی جوش نے دلوں کا متاثر کیا۔ تہذیب ترقی کے زینے چڑھنے لگی اور اس دور میں دھارمک یا مذہبی تشکیل عمل میں آئی۔ جس وقت پڑھنے کا رواج نہ تھا، دلی جذبات کا اظہار موزونیت کے ساتھ ہوتا تھا اور اپنے اپنے انداز میں مطلب کا اظہار زبان و عمل سے کیا جاتا تھا۔ اس سے ہم سمجھ سکتے ہیں کہ ہر انسان فطری طور پر اداکار

ہے۔ یا یہ کہ ڈراما انسانی زندگی کا جزو ہے۔ اس زمانے میں جب کہ پتھر کی رگڑ سے آگ پیدا کی جاتی تھی انسانی زندگی آج سے کہیں زیادہ ڈرامائی تھی۔ صدیوں پہلے انسانی زندگی اور کردار کو پیش کرنا ایک کھیل تھا۔ زندگی کی اسی نقل کا نام بعد میں ڈراما ہوا۔ (عشرت رحمانی)

قدیم ڈرامے پانچ قسم کے ہیں۔ تریجی کومیڈی، میلو ڈرامہ، فارس، براسک اور اوپیرا۔

اعلیٰ ڈرامے کے دو مخصوص اصناف ہیں۔ ٹریجیڈی یا حزینہ اور کومیڈی یا طربیہ۔

ٹریجیڈی یا حزینہ:

ڈبلو شلگل کا قول ہے "ٹریجیڈی تخیل کی معراج ہے۔" اسی لئے یہ صنف بھی ڈرامے کی معراج ٹھہری۔ جے ایس کلٹف نے اس صنف کی حسب ذیل تعریف کی ہے:

"ٹریجیڈی کا تعلق انسانی فطرت کے عمیق اور گہرے مگر حقیقت آشنا پہلو سے ہے۔ زندگی کے مختلف شعبوں میں جو مصائب ظہور پذیر ہوتے ہیں انہیں عملی طور پر دکھا کر ہمدردی اور دلسوزی کے جذبات کو ٹریجیڈی کے ذریعہ متحرک مشتعل کیا جاتا ہے۔"

کومیڈی یا طربیہ:

یہ ڈرامے تفنن اور تفریح طبع کا سامان ضرور مہیا کرتے ہیں۔ لیکن طنز و مزاح میں سنجیدگی اور متانت کا ہونا شرط ہے۔ تا کہ ظرافت سطحی کامیڈی نہ بن جائے۔

ٹریجی کامیڈی:

ان ڈراموں میں ٹریجیڈی (حزن) اور کامیڈی (طرب) دونوں شامل ہوتے ہیں۔

میلوڈرامہ:

ان ڈراموں میں مختلف واقعات کی کڑیاں کھینچ تان کر جوڑی جاتی ہیں۔

فارس:
ان ڈراموں کا مقصد عامیانہ تفریح و تفنن سے زیادہ نہیں ہوتا۔

براسک:
ان ڈراموں کا مقصد ادنیٰ درجے کی تفریح تفنن اور ہنسنے ہنسانے کا سامان مہیا کرنا ہے۔

اوپیرا:
منظوم ڈراموں کو کہتے ہیں۔

ڈرامے کے عناصر ترکیبی حسب ذیل ہیں:

۱۔ پلاٹ

۲۔ کہانی کا مرکزی خیال (Theme)

۳۔ آغاز

۴۔ کردار

۵۔ مکالمہ

۶۔ تسلسل، کشمکش اور تذبذب

۷۔ تصادم

۸۔ نقطہ عروج و کلائمکس (Climax)

۹۔ انجام

اسٹیج ڈرامے اردو میں نامقبول رہے۔ جس کی تین بڑی وجوہات ہیں:

۱۔ ہمارا معاشرہ نقالی کو معیوب سمجھتا ہے۔ جب کہ ''اسٹیج ڈرامہ'' کوری

نقالی نہیں بلکہ اس سے ہٹ کر اور بہت کچھ ہے جسے سمجھنے کی ضرورت ہے۔

۲۔ ہمارا معاشرہ خواتین کو اسٹیج پر آنے کی اجازت نہیں دیتا۔

میرا مشاہدہ یہ ہے کہ ایک پختہ ڈرامہ آرٹسٹ خواتین کا رول نہایت کامیابی کے ساتھ پلے کر سکتا ہے اور یہی اس کے آرٹ کی کامیابی بھی ہے۔

اس طرح بغیر کسی تنازعے میں پڑے ہوئے اسٹیج کے اس مسئلے کو مستقل بنیادوں پر حل کیا جاسکتا ہے۔

جب اسٹیج کے لوازمات کو استعمال کئے بغیر صرف ہاتھوں کی جنبش کا علامتی انداز اختیار کیا جاسکتا ہے تو مرد عورتوں کے علامتی رول میں اسٹیج پر کیوں نہیں آسکتے اور اب تو اپنے چہرے پر ماسک لگانے کی تکنیک کے بعد یہ کام اور بھی آسان ہو گیا ہے۔

اگر پختہ ڈراما آرٹسٹ موجود نہ بھی ہو تو بھی علامتی لباس کو مخصوص کر لینے اور چہرے پر ماسک لگالینے کے بعد بلا تکلف مرد خواتین کے رول پلے کر سکتے ہیں۔ میرے دوست ڈاکٹر ہنومنت نائیڈو ہندی اسٹیج پر اس کے کامیاب تجربے کر چکے ہیں۔ اب رہ جاتا ہے نسوانی آواز کا مسئلہ تو کوئی پختہ ڈرامہ آرٹسٹ اگر یہ آواز بنالے تو کیا کہنے۔۔۔ ورنہ جب ہم ڈرامے میں خواتین کے رول کو علامتی رول مان چکے تو میری رائے میں فطری آواز کا تبدیل کرنا کوئی ضروری نہیں۔ خواتین کی مجلس میں ڈرامہ اسٹیج ہو تو مرد اور عورت دونوں کا رول خواتین پلے کر سکتی ہیں اور مردوں کی مجلس میں اسٹیج ہو تو یہ دونوں رول مرد پلے کر سکتے ہیں۔ اس طرح پردہ کا مسئلہ اسٹیج کے راستے کی رکاوٹ نہیں بنتا۔

۳۔ ڈرامہ اسٹیج کرنے کے لئے اسکرپٹ (Script) بہ مشکل دستیاب ہوتے ہیں۔ جس کے باعث ڈراموں کے اس انتخاب کے مرتب کرنے کی ضرورت شدت سے محسوس کی گئی۔ ان تمام تفصیلات کے باوجود اگر ہم ڈرامہ اسٹیج نہ کرنا چاہیں تو

بہر حال دیگر اصناف ادب کی طرح پوری دلچسپی کے ساتھ ڈرامہ کا مطالعہ تو کیا ہی جا سکتا ہے۔ اور ڈراموں کو شامل نصاب بھی کیا جا سکتا ہے۔ سائنس کی ایجاد نے ریڈیو اور ٹیلی ویژن ڈراموں کو رواج دیا۔

ریڈیو ڈراما سب سے زیادہ مقبول ہے۔ کیونکہ اسے پیش کرنے میں اسٹیج کی ضرورت نہیں۔ ٹیلی وژن ڈرامہ ریڈیو ڈرامے سے مختلف اور اسٹیج اور فلم سے زیادہ قریب ہے۔ لیکن نشری دائرہ عمل میں ریڈیو سے قریب ہے۔

ڈرامے کے جدید اصناف میں اسٹریٹ پلے بھی ایک صنف ہے۔ جسے اسٹیج اور اسٹیج کے لوازمات سے بے نیاز راستوں اور نکڑوں پر پیش کیا جاتا ہے۔ صفدر ہاشمی اسٹریٹ پلے لکھنے والوں میں ممتاز مقام رکھتے ہیں۔ جنھوں نے اسٹریٹ پلے پیش کرنے کے دوران ہی اپنی جان دی۔

جن جدید ڈراما نگاروں نے اپنی تصانیف سے اس فن کو فروغ دیا ان میں عظیم بیگ چغتائی (مرزا جنگی)، اشتیاق حسین قریشی (نقش آخر)، پروفیسر محمد مجیب (خانہ جنگی)، عصمت چغتائی (دھانی بانکپن)، ابراہیم جلیس (اجالے سے پہلے)، اوپندر ناتھ اشک (قید حیات، تولئے اور پڑوسن کا کوٹ)، خواجہ احمد عباس (اناس اور ایٹم بم)، کرشن چندر (دروازے کھول دو، کتاب کا کفن)، علی سردار جعفری (یہ کس کا خون ہے)، ڈاکٹر محمد حسن (میرے اسٹیج ڈرامے)، جاوید اقبال (گردش)، اصغر بٹ (امانت)، حبیب تنویر (آگرہ بازار)، امتیاز علی تاج (اف یہ بیویاں)، مرزا ادیب (شیشے کی دیوار)، آغا بابر (سیز فائر)، بانو قدسیہ (آدھی بات)، عشرت رحمانی (لال قلعہ کی شام)، ساگر سرحدی (خیال کی دستک)، ابراہیم یوسف (دھوئیں کا آنچل اور طنزیہ ڈرامے)، نور العین علی (بہو کی تلاش، سوچ لیجئے، کینسر) ممتاز ہیں ان کے علاوہ ڈاکٹر سید رفیع الدین صاحب کا ڈراما

"کشمکش" اور "زہر تریاق"، اقبال کے نظریہ کے ترجمان ہے اور غیر معمولی ادبی خوبیوں کے حامل ہیں۔

اردو کے متعلق یہ عام غلط فہمی ہے کہ اس میں اسٹیج ڈرامے نایاب ہیں۔ اس میں شک نہیں کہ ہندوستان کی دیگر زبانوں کی طرح اردو میں بھی یہ صنف ادب دیگر اصناف سے بہت پیچھے رہ گئی ہے، لیکن یہ بھی حقیقت ہے کہ اردو میں ایسے ڈرامے مل جاتے ہیں جس کی نظیر دیگر ہندوستانی زبانیں مشکل ہی سے پیش کر سکیں گی۔ ڈاکٹر محمد حسن کا ڈرامہ "ضحاک" اور ڈاکٹر سید رفیع الدین اشفاق کا ڈرامہ "زہر و تریاق" اور کرشن چندر کے ڈرامے "دروازے کھول دو" اور "کتاب کا کفن" اس کی روشن مثالیں ہیں۔

"اردو ڈرامے" اردو کے ایسے یک بابی ڈراموں کا انتخاب ہے جو معیاری ہیں۔ زندگی کے مسائل سے بحث کرتے ہیں۔ نصاب میں شامل کئے جاسکتے ہیں اور سہولت سے اسٹیج ہو جاتے ہیں۔

سید معز الدین احمد فاروق

* * *

ترکی حور
آغا حشر کاشمیری

ڈراما ترکی حور ۱۹۲۲ء میں میڈن تھیٹرز لمٹیڈ کی اوریجنل پارسی الفریڈ تھیٹریکل کمپنی کے لیے تصنیف کیا گیا۔

پلاٹ : (قسطنطنیہ کے ایک امیر کبیر فرید بے کا داماد عارف، امیر زیاد کی صحت میں مے نوشی اور بے راہ روی کا عادی بن جاتا ہے۔ بد مستی کے عالم میں اپنی بیوی رشیدہ اور خسرو فرید بے کے ساتھ بد کلامی کرتا ہے۔ فرید بے اس پر خفا ہو کر عارف کو اپنے گھر سے نکال دیتا ہے لیکن نیک اور وفا شعار بیوی اس حالت میں بھی شوہر کا ساتھ دیتی اور باپ کو چھوڑ کر عارف کے ساتھ ہوٹل میں رہنے لگتی ہے۔ ایک دن عارف ہوٹل کے مینجر سے کسی بات پر لڑ پڑتا ہے اور پولیس کے ہاتھوں گرفتار ہو کر ہتھکڑی پہننے پر مجبور ہو جاتا ہے۔ عارف کو نمک حلال بوڑھا ملازم ایاز اس کے ضمانت کا انتظام کر کے حوالات سے چھڑاتا ہے۔ عارف کی آوارگی اور فضول خرچی بڑھتی جاتی ہے اور آخر کار بدخواہ و خود غرض دوستوں ناظم اور غانم کے مشورے سے ساری جائداد کوڑیوں کے مول فروخت کر دیتا ہے۔ یہ کل رقم بری صحبت میں برباد ہوتی ہے۔ اس عرصہ میں وفادار ایاز ۲۵ ہزار روپیہ کی رقم خاندان کو تباہی سے بچانے کے لیے عارف کی تجوری سے غائب کر لیتا اور کہیں چھپا دیتا ہے مگر عارف سوتے سے جاگ اٹھتا ہے اور ایاز کو پکڑ کر

روپیہ طلب کرتا ہے۔ اس کے انکار کرنے پر ایاز کو ہنٹروں سے مارتا ہے اور پھر پولیس کے حوالے کر دیتا ہے۔ اس طرح بے گناہ ایاز کو چھ ماہ کے لیے قید بامشقت کی سزا بھگتنا پڑتی ہے۔

عارف کا دوست امیر زیاد، رشیدہ کو دھوکے سے بلا کر اس کی عزت پر حملہ کرنا چاہتا ہے مگر وہ مردانہ وار مقابلہ کرتی اور آبرو بچا کر وہاں سے نکل جاتی ہے۔ رشیدہ کا نیک دل بھائی بہن کو سمجھاتا ہے، کہ اس آوازہ منش شوہر کا ساتھ چھوڑ کر مصائب برداشت کرنے سے باز آئے اور ہمارے ساتھ آرام سے رہے۔ رشیدہ انکار کرتی ہے۔ عارف انور کو رشیدہ سے باتیں کرتے سن لیتا ہے اور اسے سخت سست کہہ کر گھر سے نکال دیتا ہے۔ بعد میں انور بہن کی مصیبتوں کو دیکھ کر عارف سے چوری چھپے رشیدہ کو خرچ کے لیے پانچ سو روپے دیتا ہے لیکن عارف ان روپوں کو دیکھ کر رشیدہ کے چال چلن پر شبہ کرتا ہے۔ اس دوران عارف ساری پونجی لٹا کر مفلس و قلاش ہو جاتا ہے اور رشیدہ محلہ والوں کے کپڑے سی کر تنگی ترشی سے گھر کا خرچ چلاتی ہے۔ عارف بیوی پر چھری سے حملہ کر کے اسے زخمی کر دیتا ہے، وہ بے ہوش ہو جاتی ہے۔ ایک لڑکی لیلیٰ کی مدد سے اس موقعہ پر پولیس بلالی جاتی ہے۔ عارف کو گرفتار ہوتا ہے۔ مگر رشیدہ ہوش میں آکر پولیس کو بیان دیتی ہے کہ مجھے عارف نے چھری نہیں ماری، ترکاری کاٹتے ہوئے لگ گئی ہے۔ عارف کو رہا کر دیا جاتا ہے۔ اس اثنا میں انور آکر عارف کو پانچ روپیہ کے راز سے آگاہ کرتا اور لعنت ملامت کرتا ہے۔ عارف کی آنکھیں کھل جاتی ہیں۔ وہ بیوی سے معافی مانگتا اور بد چلنی سے توبہ کرتا ہے۔ اس موقعہ پر ایاز جیل سے رہا ہو کر آتا اور ۲۵ ہزار روپیہ کی رقم جو اس نے کہیں زمین میں دفن کر رکھی تھی مالک کے قدموں میں ڈال دیتا ہے۔ اس کھیل کے چند اقتباسات ملاحظہ ہوں)

ایکٹ پہلا

سین دوسرا

محل فرید بے

(رشیدہ مغموم ہے ایاز اس کے پاس کھڑا ہے۔)

ایاز :شب بھر کا جاگا ہوا چاند ستاروں کی روشنی گل کر کے سو گیا۔ رشیدہ بیٹی ساری رات آنکھوں میں گزار دی۔

رشیدہ :ایاز بابا! انتظار کرتے کرتے ستاروں کی آنکھیں پتھرا گئیں مگر وہ ابھی تک نہ آئے۔

ایاز :شام سے صبح ہو گئی۔ کب تک جاگو گی۔ جاؤ ذرا آرام کرلو۔

رشیدہ : آج تک کبھی ایسا نہیں ہوا، وہ رات کو کبھی گھر سے باہر نہیں رہے۔

ایاز :میری گود میں پل کر جوان ہوئے ہیں، مجھے ان کی نیکی اور شرافت پر بھروسہ ہے۔ گھبراؤ نہیں، کوئی کام ہو گیا ہو گا۔

رشیدہ :بابا! مجھے جاگتے میں ڈراؤنے خواب نظر آرہے ہیں۔ جی میں ہول پھرتے ہیں، آخر وہ کہاں ہیں؟

ایاز :کل شام گھر سے کس کے ساتھ گئے تھے؟

رشیدہ :غانم کے ساتھ۔

ایاز :کیا کہوں، غانم آپ کا دور کا رشتہ دار ہے مگر مجھے اس کا چال چلن ٹھیک نہیں لگتا۔

رشیدہ :وہ تو اسے رشتہ دار ہی نہیں اپنا سب سے بڑا خیر خواہ دوست بھی سمجھتے ہیں۔

ایاز :(طنزیہ) دوست کے پردے میں دشمن۔۔۔ میں نے یہ بال دھوپ میں سفید

نہیں کیے۔ عارف میاں کو خبر دار بھی کر چکا ہوں کہ یہ غانم دوستی کے غلاف میں چھپی ہوئی تلوار ہے۔ آج جھک کر ملے گا اور کل گلا کاٹ کر الگ ہو جائے گا۔

(فرید بے آتا ہے۔)

فرید بے　:بس آج سب ختم ہو گیا۔ عزت آبرو خاک میں مل گئی۔

رشیدہ　:(گھبرا کر کھی ہو جاتی ہے) ابا جان! کیا ہوا؟ بتائیے؟

فرید　:کیا نہیں ہوا۔

رشیدہ　:وہ کہاں ہیں؟ ان کی کوئی خبر؟

فرید　:میں دیوان خانہ کی کھڑکی سے سڑک کی طرف دیکھ رہا تھا کہ ایک کار دروازے پر آکر رکی۔

رشیدہ　:اور۔۔۔پھر۔۔۔؟

فرید　:کار کا پٹ کھلا۔۔۔ اندر سے پہلے غانم اترا، اور پھر اس نے ہاتھ پکڑ کر عارف کو اتارا۔

رشیدہ　:یا اللہ خیر۔۔۔ ان کو کیا ہوا؟

ایاز　:وہ آگئے حضور؟

فرید　:ہاں۔۔۔ آگیا۔۔۔ مگر کس حال میں؟

رشیدہ　:(گھبرا کر) کس حال میں؟ ان کے دشمنوں کو کیا ہوا؟

فرید　:عقل سے خارج۔۔۔ نشہ میں چور۔

رشیدہ / ایاز　:(ایک ساتھ) کیا نشہ میں؟

فرید　:بد ذات غانم کی دوستی کا پہلا پھل۔

رشیدہ　:ابا جان! وہ ایسا نہیں کر سکتے، شاید آپ کو شبہ ہوا ہے۔

(عارف لڑکھڑاتا ہوا اندر آتا ہے سب دیکھ کر رنج اور حیرت سے اسے تکتے ہیں۔ عارف لڑکھڑاتا ہے۔ ایاز آگے بڑھ کر اسے سنبھالنے لگتا ہے۔)

ایاز : میرے آقا!

عارف : (نشہ میں) ہٹ جاؤ۔

فرید : افسوس! ان آنکھوں کو یہ دن بھی دیکھنا تھا۔

رشیدہ : ہائے میرے اللہ یہ کیا۔

عارف : (ہنس کر) سب کچھ گھوم رہا ہے۔ زمین آسمان۔۔۔گھر۔۔۔تم سب۔

فرید : عارف۔ مجھے امید تھی کہ دنیا میں ٹھوکریں کھانے کے بعد اب تم سنبھل کر چلو گے۔ مگر آج معلوم ہوا کہ بربادی کا آخری راستہ بھی اختیار کر لیا۔

عارف : جی ہاں! میں نے ریس میں دولت لٹائی۔ لیکن آپ کی نہیں وہ دولت میری تھی، بزرگ سمجھ کر معاف کرتا ہوں، آئندہ ایسے سخت الفاظ نہ کہئے گا۔

رشیدہ : یہ آپ کسے کہہ رہے ہیں؟

عارف : آپ کے والد بزرگوار کو۔

(ہنستا ہے۔)

فرید : کیا کہوں۔۔۔ کن لفظوں میں اس نالائقی پر ملامت کروں۔ نادان! بد چلن دوستوں کے نرغے میں تو نے عزت اور شرافت ڈبوئی۔ اپنی ہی نہیں اپنے ساتھ اس بے زبان کی زندگی بھی برباد کی۔

(رشیدہ روتی ہے۔)

عارف : کیا فرمایا۔ میں تو کچھ نہیں سمجھا۔

فرید : میں نے شریف خاندان کا نیک فرد سمجھ کر اس کا ہاتھ تیرے ہاتھ میں دیا تھا۔

اگر جانتا کہ تو ایک دن دولت، عزت، شرم وحیا سب سے مفلس ہو جائے گا تو۔

عارف :(کھڑا ہوتا ہے) تو مجھ سے شادی کرنے کے بدلے کسی سونے کے بت کے ساتھ اپنی بیٹی کی شادی کر دیتے۔

رشیدہ :(چیخ کر روہانسی آواز میں) عارف۔۔۔ ہوش میں آؤ۔

فرید :ہوش کھو چکا ہے۔ نہ زبان قابو میں ہے نہ دماغ۔

ایاز :عارف میاں! ہوش میں آیئے۔ یہ آپ کے بزرگ ہیں۔

عارف :میں رشتے اور بزرگی کا لحاظ کر رہا ہوں، انھیں اپنی عزت کا پاس ہے تو خاموش رہیں۔

فرید :خاموش ہی رہنا ہو گا، یہ حالت نہ دیکھ سکتا ہوں نہ برداشت کر سکتا ہوں، مگر ایک مرتبہ پھر کہتا ہوں کہ زندگی کے درخت پر زہر چھڑکنے سے باز آ۔

(جاتا ہے۔)

(عارف ہنستا ہے۔)

ایکٹ دوسرا

سین چوتھا

ہوٹل کا کمرہ

(رشیدہ خاموش غمگین بیٹھی نظر آتی ہے۔ پھر اٹھ کر کھڑکی کی طرف جاتی، باہر دیکھتی اور مایوس ہو کر پلٹتے ہوئے کہتی جاتی ہے۔)

رشیدہ :"زبان تھک گئی، لفظ ختم ہو گئے۔ آنکھوں کے چشمے آنسو بہا بہا کر سوکھ گئے، لیکن افسوس عارف نظر اٹھا کر اپنے خوف ناک انجام کی طرف نہیں دیکھتے۔ ابھی تک گھر

نہیں آئے۔ جانے اس وقت کہاں ہوں گے۔ کوئی آرہا ہے۔ شاید آگئے۔ انھی کی آواز۔ یہ کس سے جھگڑا کر رہے ہیں۔"

(عارف اور انور داخل ہوتے ہیں۔)

عارف : اتنی دیر سے کان کھاتے رہے۔ کہہ دیا کہ میں اپنے برے بھلے کو خود سمجھتا ہوں۔ اب زبان سے چھری کٹاری برسانا بند کرو۔

انور : بھائی جان نصیحت اپنوں ہی کو کی جاتی ہے۔

عارف : یہ نصیحت کا نہیں اعتراض اور حملے کا لہجہ ہے۔

انور : آپ کی رائے بھی آپ کی طرح غلطی کے راستے پر ہے، میں جو کچھ کہتا ہوں محبت سے۔ دل کے دکھ سے ادب سے کہتا ہوں۔

عارف : جب تمہارے والد نے داماد اور بیٹی سے قطع تعلق کیا تھا، اس وقت آکر انھیں نصیحت نہیں کی تھی، آج مجھے سمجھانے آئے ہو۔ میری نظر میں تمہاری نصیحت اتنی ہی حقیر ہے، جتنے تمہارے باپ بے رحم!

رشیدہ : عارف!

انور : آپ میرے بزرگ والد کی شان میں سخت اور کڑوے الفاظ استعمال کر رہے ہیں۔

عارف : سچے الفاظ کڑوے ہی ہوتے ہیں۔

انور : میرے صبر کا امتحان نہ لیجئے۔

عارف : میں اوپر سے فرشتہ اور اندر سے شیطان نہیں ہوں، میرا دل اور زبان ایک ہے، اگر تم صاف اور سچ سن سکتے ہو تو یہاں ٹھہرو، نہیں سن سکتے تو۔۔۔

رشیدہ : یہ کیا کہہ رہے ہو اور کس سے کہہ رہے ہو؟

عارف :رشیدہ میں دولت لٹاتا ہوں اپنی، جوا اور سٹہ کھیلتا ہوں اپنے پیسہ سے مجھ میں دنیا بھر کی برائیاں ہیں، اگر تم کو اس برے شوہر کے ساتھ جینا مرنا ہے تو جس طرح باپ کو چھوڑ دیا اسی طرح آج بھائی کو بھی چھوڑ دینا ہو گا۔

رشیدہ :میرے بھائی کا قصور؟

عارف :شوہر کا حکم!

انور :رشیدہ! یہ باپ سے منہ موڑنے کا نتیجہ ہے، ابھی اس سے بھی بد تر دن اور سخت حکم سنو گی!

عارف :تم محبت کو نفرت کا سبق پڑھا رہے ہو، میں کہتا ہوں یہاں سے چلے جاؤ۔

رشیدہ :بھائی جان! جو نصیب دکھائیں گے وہ دیکھنا ہو گا۔

انور :بد نصیب بہن! مصیبت آنے سے پہلے انسان کی عقل خراب ہو جاتی ہے۔ مجھے ڈر ہے کہ ایک دن یہ دیوانہ پن اس خاندان کی شرم، آبرو ڈبو کر تمہیں بھی اس گھر سے نکال باہر کرے گا۔

رشیدہ :بھائی! عورت بیاہ کا جوڑا پہن کر شوہر کے گھر میں آتی ہے، اور کفن پہن کر شوہر کے گھر سے باہر ہوتی ہے۔

انور :اچھا تو خدا کی مرضی۔ تم آنے والی مصیبتوں پر رونا اور بد قسمت باپ بھائی تمہاری بد نصیبی پر روئیں گے۔

(انور چلا جاتا ہے اور رشیدہ رونے لگتی ہے۔)

عارف :آنسو بہا رہی ہو۔ بھائی سے جدا ہونے کا اتنا غم اور ان کے ہاتھوں شوہر کی بے عزتی کی کوئی پرواہ نہیں۔

رشیدہ :(آنسو پونچھتے ہوئے) یہ آپ کیا کہہ رہے ہیں؟

عارف :ٹھیک ہی تو کہہ رہا ہوں۔

رشیدہ :خدا کے لیے ذرا انصاف کیجئے آپ کے حکم اور آپ کی عزت پر میں نے باپ، بھائی، اپنے بیگانے سب کا ساتھ قربان کر دیا اور اب بھی آپ یہ سوچتے ہیں؟

عارف :پھر دکھ کاہے کا ہے؟ ہنسو! خوش رہو! بلائیں ٹلیں۔

(ہنستا ہے۔)

رشیدہ :(تلملا کر مضمحل انداز میں مسکراتی ہے) میں بہت خوش ہوں۔

(ایاز آتا ہے۔)

ایاز :(عارف سے) حضور! یہ کیا؟ خود میاں انور سے سنا، پھر بھی یقین نہیں آتا۔ کیا آپ نے سچ مچ اپنے بھائی اور ہمدرد کو گھر میں آنے سے منع کر دیا؟

عارف :ہاں! وہ اسی سلوک کے قابل ہیں۔

ایاز :افسوس! آپ اپنے سچے خیر خواہوں، بزرگوں، عزیزوں کی نصیحت سے برا مانتے ہیں۔ جا گئے، خدا کے لیے جاگیے۔ باپ دادا کا مکان اور باغیچہ بیچ کر سوا لاکھ آئے تھے ان میں سے بھی چند دنوں میں صرف پچیس تیس ہزار باقی رہ گئے ہوں گے۔ یہ بھی خدانخواستہ ان یار مار ساتھیوں کے غلط مشوروں سے ختم ہو جائیں گے۔

عارف :تمہاری بلا سے۔

ایاز :میرے منہ میں خاک، اس کے بعد باقی زندگی کس سہارے سے کٹے گی۔ یہ دولت کی جونک، دستر خوان کے کتے، دوست آشنا سب منہ پھیر کے بھاگ جائیں گے۔ عزت اور چین دونوں خطرے میں ہیں۔ اللہ کے واسطے (ہاتھ جوڑ کر) اب بھی مان جائیے بڑے حضور اور انور میاں کو منا لائیے اور ان کے مشورہ سے کوئی اچھا کاروبار کر لیجئے۔

عارف :بکو مت! میں سٹے کے سنہری کاروبار سے اپنی کھوئی دولت دوبارہ پیدا کرنا چاہتا

ہوں، اور میرے ہمدرد، میرے غم خوار دوست اس کوشش میں میرے ساتھ ہیں، مجھے کل کی کوئی فکر نہیں۔

(جاتا ہے۔)

رشیدہ :جو تھا غلطی سے کھو چکے اور جو رہ گیا ہے وہ بھی غلط رائے اور جھوٹی امید میں کھو دینا چاہتے ہیں۔

ایاز :بہو بیگم، دعا کے سوا کوئی بس بھی تو نہیں۔

رشیدہ :ایاز بابا۔۔۔ تم گھر کے بزرگ ہو۔ خاندان کے خیر خواہ ہو۔۔۔ بچاؤ۔ اس تباہی اور مستقبل کی تاریکی سے بچاؤ۔

ایاز :انھوں نے بزرگوں کی نصیحت اور ادب سے منہ پھیر لیا۔ میری التجائیں ٹھکرا دیں۔ کچھ سمجھ میں نہیں آتا۔

رشیدہ :جس طرح ہو سکے یہ بچی کچھی پونجی بچاؤ۔

ایاز :اگر قسمت مہربانیوں کی قیمت مانگتی ہے تو میں تمہاری اور عارف میاں کی بہتری کے لیے اس دنیا کی کمائی ہوئی ساری نیکیاں اور اس دنیا کی جنت نذر کرنے کو تیار ہوں۔ میری بچی! کہو میں کیا کروں؟

رشیدہ :میں کیا بتاؤں، جو ممکن ہو، جو تم سے ہو سکے۔

ایاز :اچھا! اب تم جاؤ، آرام کرو، میں اپنی سی کر گزرنے کی سوچتا ہوں۔

رشیدہ :خدا تمہارا مددگار ہو۔

(جاتی ہے۔)

ایاز :(علیحدہ خود سے) ”شاید جو میں سوچتا ہوں، وہی یہ بھی چاہتی ہے۔ سب کچھ جا چکا ہے۔۔۔ تھوڑا وقت اور تھوڑی رقم جو باقی ہے، یہ بھی اڑ گئی تو اندھیرا ہی اندھیرا ہے۔

۔۔ کیا کروں۔۔۔ بس یہی آخری راستہ ہے۔"

(جاتا ہے۔)

(پردہ)

ایکٹ تیسرا

سین چوتھا

خواب گاہ

(عاف سو رہا ہے، اس کے پلنگ کے پاس تجوری ہے۔ ایاز منہ سر لپیٹے اندر آتا ہے۔ آہستہ آہستہ چل کر چاروں طرف دیکھتا اور عارف پر نظر ڈال کر تجوری کی طرف بڑھتا ہے۔ عارف کروٹ بدلتا ہے۔ ایاز سہم کر ایک طرف بیٹھتا ہے۔ پھر اٹھ کر تجوری کھولتا اور نوٹوں کی گڈیاں، نکال کر رومال کی گٹھری بھر لیتا ہے، کچھ سوچتا ہے اور جلدی سے باہر چلا جاتا ہے۔ گٹھری باہر رکھ کر اندر آتا ہے، ایک گڈی نوٹوں کی لیے ہوئے ہے۔ گڈی تجوری میں رکھ کر اپنے آپ آہستہ آہستہ بڑبڑاتا ہے: "ارادہ تو تھا کہ لٹانے کے لیے ایک کوڑی بھی نہ چھوڑوں، مگر ڈر ہے کہ ناگہانی آفت سے ان کا دماغ نہ الٹ جائے اس لیے کچھ رقم واپس تجوری میں رکھ دیتا ہوں۔" ایاز تجوری بند کرتا ہے، کھٹ سے آواز ہوتی ہے۔ عارف کی آنکھ کھل جاتی ہے اور وہ اک دم گھبرا کر اٹھتا ہے۔)

عارف : کون؟ کون؟ چور۔ ڈاکو؟ (ایاز کو دیکھ کر) ایاز! تو اس وقت یہاں؟ (ایاز رک کر خاموش کھڑا ہے۔ عارف گھبرا کر پلنگ کے نیچے آتا اور لپک کر تجوری کھول کے دیکھتا ہے) یہ کیا۔۔۔؟ نوٹوں کی بیس گڈیوں میں سے تجوری میں صرف ایک گڈی۔۔۔ (گڈی باہر نکال کر ایاز سے) بتا! باقی نوٹ کہاں ہیں؟ ایاز!۔۔۔ سنتا نہیں۔۔۔ میں پوچھتا

ہوں کہاں ہیں نوٹ ؟

ایاز : میں نہیں جانتا۔

عارف : سانپ کی طرح آ کر سوئے ہوئے مالک کو اندھیرے میں ڈسنا جانتا ہے۔ لیکن نوٹوں کا حال نہیں جانتا۔ بتا تجوری سے نوٹ کہاں گئے ؟

ایاز : تجوری میں ان لوگوں کے روپے ہوئے ہیں جن کو کل کی فکر ہوتی ہے۔ اپنے نوٹ غانم کی جیب اور سٹے کے بازار میں تلاش کیجئے۔

عارف : نمک حرام۔ کمینے۔ تو نے میرے روپے نہیں چرائے، بلکہ ڈوبتے کا سہارا، پیاسے کا پانی اور بیمار سے زندگی چھین لی۔

عارف : (جھنجھوڑتا ہے) آستین کے سانپ۔۔۔ زہر کی چھری۔۔۔ نوٹ نکال (تھپڑ مارتا ہے۔) معلوم ہوا کہ لوہے کو نرم کرنے کے لیے آگ میں تپانا ہو گا۔

ایاز : تمہیں میری خدمت کی لاج نہ ہو، لیکن مجھے تمہارے نمک کی شرم ہے مار ڈالو۔ ۔۔ میں اپنا خون تک معاف کرتا ہوں۔

عارف : کمینے ! ایسی ہی شرم ہے تو روپئے واپس دے دے۔

(رشیدہ آتی ہے۔)

(عارف ایاز کو مارتا ہے۔)

رشیدہ : کیا ہوا؟ ارے۔۔۔ جس کی گود میں پلے اس سے یہ سلوک کیا کرتے ہو۔ ٹھہرو!

عارف : رشیدہ ہٹ جاؤ۔ اس نمک حرام نے ہمیں بھیک منگوانے کے لیے تمام روپئے چوری کر لیے۔

رشیدہ : چوری کی ؟

عارف :ہاں!

رشیدہ :ایاز بابا نے ؟

عارف :ہاں ہاں !اس شیطان نے فرشتہ کا چہرہ لگا کر ہمیں ٹھگ لیا۔

رشیدہ :ناممکن۔۔۔ان کے دل میں دغابازی نہیں آسکتی۔

عارف :ابھی پتہ چل جائے گا، پولیس کا ہنٹر کھائے گا تو سب کچھ اگل دے گا۔ ذلیل۔ کمینے۔ چل!

(دھکے دیتا ہے۔)

رشیدہ :ٹھیرو۔ عارف خدا کے لیے ٹھہرو۔۔۔ایسا غضب نہ کرو۔

عارف :چپ رہو۔ اس نے جیسا کیا ہے۔ اس کی سزا بھگتنے دو۔

(عارف، ایاز کو پکڑ کے باہر لے جاتا ہے رشیدہ گھبراتی ہے۔)

(پردہ)

ایکٹ تیسرا

سین چھٹا

عارف کا معمولی گھر

(مضمحل اور بیمار رشیدہ کپڑے سی رہی ہے۔ انور آتا ہے۔)

انور :دکھوں کے بوجھ سے ہلکان نظر آرہی ہو پھر بھی کہتی ہو کہ اچھی ہوں۔

رشیدہ :بھائی جان! جس حال میں بھی ہوں اچھی ہوں۔ بیٹھئے!

انور :میں اس گھر میں قدم نہ رکھنے کا عہد توڑ کر تمہاری محبت سے مجبور ہو کر آیا ہوں۔ اب بھی عقل سے کام لو، اور اس احمق شوہر کا ساتھ چھوڑ کر گھر چلو۔

رشیدہ :بھائی جان! معاف کیجئے، وہ کچھ بھی ہیں میرے لیے مذہب اور خدا کے نام کی طرح قابل عزت ہیں۔

انور :تم کبھی نہ سمجھو گی۔ قسمت نے تمہاری عقل پر تالا لگا دیا ہے۔ اچھا یہ لو۔

(ایک سو روپیہ کا نوٹ جیب سے نکال کر دیتا ہے۔)

رشیدہ :یہ کیا ہے؟

انور :یہ سو روپئے وقت اور ضرورت کے لیے رکھ چھوڑو۔

رشیدہ :معاف کرنا میں ان کی اجازت کے بغیر یہ نہیں لے سکتی۔ میری محنت کے پیسے میری ضرورت کے لیے کافی ہیں۔

انور :یہ کسی غیر کا روپیہ نہیں ہے، اسے لوٹا کر مجھے اور دکھ نہ دو۔ میں وقت بے وقت اسی طرح آکر تمہیں دیکھتا رہوں گا۔ کیا کروں، مجبوری ہے، اچھا چلتا ہوں، پھر آؤں گا۔

رشیدہ :(اداس ہو کر) نہیں بھیا! مجھے معاف کیجئے۔

(نوٹ لوٹاتی ہے۔)

انور :اسے رکھ لو رشیدہ! خدا حافظ۔

(جاتا ہے۔)

رشیدہ :بھائی جان! سنئے، سنئے تو۔۔۔

(نوٹ کو دیکھتی ہے۔)

(سوچتی ہے۔)

"اسے کیا کروں۔ کہاں سے آیا؟ کس نے دیا؟ میرے حکم کے بغیر کیوں لیا؟ ان کے غصہ کی گرج اور سوالوں کا کیا جواب دوں گی؟ نہیں! یہ نوٹ ضرور واپس کر دوں گی!"

(پلنگ کی طرف جاتی ہے اور تکیہ کے غلاف میں نوٹ چھپا دیتی ہے۔)

رشیدہ :(جلدی سے سنبھل کر) خدایا! پھر وہی حالت؟

عارف :لالچی، خود غرض، مطلب پرست، مجھے وہم بھی نہ تھا کہ سب کے سب طوطے کی طرح آنکھیں پھیر لیں گے۔ (پلنگ پر بیٹھتے ہوئے) اور وہ بے ایمان سچی دوستی کا دم بھرتا تھا۔ اب بات کرنے سے کتراتا ہے۔ شکایت کرو تو کہتا ہے "کیا تم چاہتے ہو کہ جیسے ایک اندھا دوسرے اندھے کی پیٹھ پر ہاتھ رکھ بھیک مانگتا ہے۔ میں بھی ویسے ہی تمہارے ساتھ اندھے بن کر "ایک روٹی" کی صدا لگاتا پھروں۔۔۔" بے شرم مکار!

رشیدہ : کس پر ناراض ہو رہے ہو؟

عارف :غانم اور اس کے سارے کمینے ساتھی۔۔۔ سب خود غرض۔

رشیدہ :شکر ہے آپ کو آج یہ معلوم تو ہو گیا۔

عارف :میں نے ان کو ہزاروں کھلائے پلائے، آج یہ مجھے منہ نہیں لگاتے۔

رشیدہ :اور آپ نے آج بھی پی لی، صبح میں نے منت کی تھی تو آپ نے وعدہ کیا تھا کہ اب نہیں پیوں گا۔

عارف :کیسے نہ پیوں؟

رشیدہ :کیوں؟

عارف :رشیدہ! شروع میں بھول سے پی لی۔ پھر دوستوں کی خوشی کے لیے پی، اس کے بعد زندگی کا مزا سمجھ کر پیتا رہا ہوں اور اب زندگی کا غم غلط کرنے کو پیتا ہوں۔ نہ پیوں گا تو مصیبت پاگل کر دے گی۔

رشیدہ :اور مجھے آپ کی یہ حالت دیوانہ بنا دے گی۔

عارف :(سر پکڑ کر) اف سر پھٹنے لگا۔ بہت درد ہے۔ کچھ پیسے ہیں تو دو۔

رشیدہ :پیسے کہاں سے لاؤں ؟گھر میں فاقہ ہے۔ بے چاری لیلیٰ ابھی کرتے لے کے جائے گی تو شام کو کھانے کو دام آئیں گے۔

عارف :بہانہ کیوں کرتی ہو، صاف کیوں نہیں کہتیں کہ مجھے شوہر پیارا نہیں پیسہ پیارا ہے۔

رشیدہ :یہ آپ کیا کہہ رہے ہیں ؟۔۔۔ آپ سے کون سی چیز بڑھ کر ہے۔

عارف :قسمت بدل گئی، دنیا بدل گئی اور اب دیکھتا ہوں کہ تم بھی بدلتی جاتی ہو۔

رشیدہ :خفا ہو گئے، کچھ پیسے پڑے ہیں، ابھی لائے دیتی ہوں۔

(جاتی ہے۔)

عارف :(خود سے) یہ ہمیشہ تکیہ میں پیسے رکھا کرتی ہے، دیکھوں شاید بھول میں کچھ پڑے رہ گئے ہوں۔

(تکیہ کو جھاڑتا ہے، نوٹ گرتا ہے۔)

(حیرت سے)

"یہ کیا؟نوٹ ؟ایک سو کا نوٹ ؟ جس کے پاس تن ڈھانکنے کو کپڑا اور پیٹ بھر اناج کا بھی سہارا نہ ہو، اس کے پاس اتنے روپئے کہاں سے آئے ؟۔۔۔ سمجھ گیا۔۔۔ نیکی اور شرافت کا ملمع اتر کر بے وفائی کا کھوٹ ظاہر ہو گیا۔"

(سر پکڑ بیٹھ جاتا ہے۔)

رشیدہ :(آکر) سر کا درد بڑھ جائے گا۔ دماغ کو آرام دو۔ اتنا کیوں سوچ رہے ہو؟

عارف :سوچ رہا ہوں کہ اندھیرے میں چھری مارنے والے دشمن اور پارسا بن کر بے وفائی کرنے والی بیوی دونوں میں سے کون بڑا قاتل ہے۔

رشیدہ :یہ اس وقت کیا دل لگی سوجھی آپ کو!

عارف :(کھڑا ہوتا ہے) دل لگی؟ عزت اور شرافت کا خون ہو جانے پر بھی دل لگی کی سوجھتی ہے۔

رشیدہ :ناراض نہ ہو، یہ پیسے حاضر ہیں۔

عارف :معصوم بننے کی کوشش نہ کر مکار، دغاباز۔

رشیدہ :حد سے گزرے ہوئے نشے اور غصے میں جس زبان سے کبھی "تو" کہہ کر نہیں پکارا۔ اسی زبان سے آج مجھے گالیاں نکل رہی ہیں، ایسا کون سا قصور ہوا ہے۔

عارف :چاند پوری روشنی اندھیری رات میں اور بیوی کی پارسائی مفلسی میں ظاہر ہوتی ہے۔ قصور مجھ سے پوچھتی ہے۔ مجھ سے نہیں اپنے بے وفا دل سے پوچھ اور دل کسی دوسرے کے پاس ہو تو، اس کے دیے ہوئے اس نوٹ سے پوچھ۔

رشیدہ :(منہ پھیر کر خود سے) بھائی انور کا نوٹ؟ ہائے وہی ہوا، جس کا ڈر تھا۔

عارف :کیوں؟ چپ کیوں ہو گئی؟ ابھی جھوٹی باتیں بنا کر مجھے پیسوں پر ٹال رہی تھی، پھر یہ سو روپیہ کا نوٹ کہاں سے آیا؟۔۔۔جواب دے۔۔۔

رشیدہ :عارف! میں قسم کھاتی ہوں، وہم نہ کرو۔۔۔ یہ نوٹ میرے بار بار۔۔۔

عارف :جھوٹی قسمیں نہ کھا۔ گھر، سکھ، دولت سب کچھ کھو دینے کے بعد میرے پاس صرف بیوی کا پیار رہ گیا تھا، تو نے وہ بھی دوسروں کو دے کر مجھے کنگال کر دیا۔۔۔ بے حیا۔۔۔ بے شرم۔۔۔ تیری اس زندگی سے موت بہتر ہے۔۔۔ تیری آنکھوں کی حیا اور دل میں وفا مر گئی، لے تو بھی مر۔

(دوڑ کر اپنے تکیے کے نیچے سے چھری نکالتا ہے۔)

رشیدہ :(چیخ کر) سنو! عارف، تم غلط سمجھ رہے ہو۔ میں بتاتی ہوں۔

(عارف رشیدہ پر چھری سے وار کرتا ہے وہ زخمی ہو کر بے ہوش ہو جاتی ہے اور

زمیں پر گرتی ہے۔)

(انور داخل ہوتا ہے اور یہ حالت دیکھ کر گھبراتا ہے۔)

انور :وحشی انسان۔۔۔

(عارف کے ہاتھ سے چھری چھین لیتا ہے۔)

(رشیدہ کو دیکھ کر)

خدایا۔۔۔یہ کیا۔۔۔خون۔۔۔؟ جنونی قاتل یہ تونے کیا کیا؟

(لیلیٰ اندر آتی ہے اور یہ منظر دیکھ کر رشیدہ کی طرف دوڑتی ہے۔)

لیلیٰ :ہائے اللہ۔۔۔رشیدہ باجی۔۔۔

(عارف سے)

ظالم خونی یہ کیا غضب کیا؟

(باہر جاتے ہوئے)

ٹھہریئے میں ابھی پولیس بلائے لاتی ہوں۔

(انور اٹھ کر عارف کی طرف آتا ہے اور اسے جھنجھوڑتا ہے۔)

انور :ظالم۔۔۔اس معصوم بدنصیب نے تیرا کیا بگاڑا تھا۔ خونی۔ بول!

عارف :(انور سے الگ ہو کر) غیر مرد سے روپئے لے کر شوہر کی عزت آبرو کا سودا کرنے والی بیوی معصوم نہیں کہلاتی۔

انور :توکیا اس نے ایسا کیا؟

عارف :ہاں!

انور :ثبوت؟

عارف :یہ نوٹ۔

انور :جلد باز احمق! خرچ کی تکلیف دیکھ کر میں آج یہ روپئے اس کو زبردستی دے گیا تھا۔

عارف :یہ جھوٹ ہے۔

انور :نوٹ کی پشت پر میرا نام لکھا ہوا ہے۔ (قریب جا کر نوٹ کی پشت دکھا کر) یہ دیکھ!

(پولیس افسر اور ایک سپاہی لیلیٰ کے ساتھ آتے ہیں۔)

لیلیٰ :یہ ہے قاتل۔۔۔انسپکٹر صاحب!

انور :یہ چھری ہے، جس سے اس نے اپنی بے گناہ بیوی کو مارا ہے۔

انسپکٹر :آپ مقتولہ کے کون ہیں؟

انور :بدقسمت بھائی۔

انسپکٹر :(سپاہی سے) مقتول۔۔۔گواہ۔۔۔ثبوت۔۔۔سب موجود ہیں۔ مجرم کو ہتھکڑی لگاؤ۔

انور :اس بدنصیب نے امیر باپ کی بیٹی ہو کر شوہر کی مرضی کے لیے سکھ، چین، باپ، بھائی سب کو چھوڑا۔۔۔فاقے کیے۔۔۔اور ناشکرے انسان نے اس کی محبت اور خدمت کا یہ صلہ دیا۔

انسپکٹر :افسوس ہے (سپاہی سے) مجرم کو تھانے لے چلو۔۔۔مقتولہ کی لاش ہسپتال لے جانا ہوگی۔

(انور اور لیلیٰ رشیدہ کے قریب جاتے ہیں۔ لیلیٰ رو رہی ہے، رشیدہ کروٹ لیتی ہے۔)

انور :یہ ابھی زندہ ہے؟۔۔۔رشیدہ!

لیلیٰ : رشیدہ باجی۔۔۔ باجی!

رشیدہ : (نحیف آواز میں) عارف۔۔۔ سنو تو۔۔۔ میں بتاتی ہوں۔
(آنکھیں کھول کر سب کو دیکھتی ہے۔)

انور : رشیدہ!

رشیدہ : (اٹھ بیٹھتی ہے۔)
(گھبرا کر اٹھتی ہے اور عارف کی طرف جاتی ہے۔)

انور : قتل کے جرم میں۔

رشیدہ : قتل؟ انھوں نے کیا؟۔۔۔ کیسے؟

انسپکٹر : (دیوار کو دیکھتے ہوئے) جی ہاں! آپ پر اس نے چھری سے حملہ کیا ہے۔

رشیدہ : نہیں۔۔۔ یہ جھوٹ ہے۔

انور : رشیدہ! کیا ابھی تک شوہر کی وفاداری کا پاگل پن نہیں گیا؟

رشیدہ : لیکن بھائی جان! انھوں نے چھری نہیں ماری۔

انسپکٹر : پھر آپ زخمی کیسے ہوئیں۔؟

رشیدہ : (سوچ کر) میں اس چھری سے ترکاری کاٹ رہی تھی۔ بیماری میں کمزوری سے چکر آ گیا، گر گئی، چھری اچانک لگ گئی اور میں زخمی ہو گئی۔

انور : انسپکٹر صاحب! یہ شوہر کی جان بچانے کے لیے بہانہ کر رہی ہے۔۔۔ یہ بالکل جھوٹ ہے۔

انسپکٹر : میں سمجھتا ہوں۔۔۔ مگر مجبور ہوں۔۔۔ کچھ نہیں کیا جا سکتا۔۔۔ ہتھکڑی کھول دو۔
(سپاہی عارف کے ہاتھ سے ہتھکڑی کھولتا ہے۔)

عارف : یہ جھوٹ بول رہی ہے! انسپکٹر صاحب! یہ خون میں نے کیا ہے۔ مجھے لے چلو۔

رشیدہ : نہیں، نہیں! یہ پریشانی میں بہک رہے ہیں۔

انسپکٹر : (سپاہیوں سے) آؤ چلیں (انور سے) معاف کیجئے، آپ کو تکلیف ہوئی۔

انور : شکریہ! تکلیف تو آپ کو ہوئی۔ خواہ مخواہ۔

انسپکٹر : یہ ہمارا فرض ہے۔

(جاتے ہیں۔)

انور : (عارف سے) بد نصیب انسان! اب بھی آنکھیں نہ کھلیں؟

عارف : کھل گئیں۔۔۔ بھائی! سچ مچ میری آنکھیں کھل گئیں۔۔۔ ہوش آگیا۔۔۔ رشیدہ مجھے معاف کر دو۔

رشیدہ : میں آپ کی گنہ گار ہوں۔

انور : خدا تمہارا مدد گار ہو!

(پردہ)

٭ ٭ ٭

بیگم کی بلی
امتیاز علی تاج

کردار :

امیدوار : جو نوکری حاصل کرنے میاں گھر آیا ہے۔

میاں :

بیگم :

دیور :

امیدوار : میاں یہ ہے وہ بلی۔
میاں : (غصے کی دبی ہوئی آواز میں) چپ احمق کہیں گا، اتنے زور سے بولتا ہے۔
امیدوار : زور سے بولا تھا؟ میں!
میاں : پھر وہی۔ ارے نامعقول آہستہ بول آہستہ۔
امیدوار : (آہستہ سے) بات کیا ہے؟
میاں : تجھے بات سے کیا مطلب؟ جو کچھ کہا ہے کر دے۔
امیدوار : بلی تو کالی سیاہ ہو رہی ہے۔ تھی کہاں یہ؟
میاں : کوئلوں کی کوٹھری میں۔

امیدوار : دلالی کر رہی تھی وہاں ؟

میاں : نہیں مانے گا۔ ابے آہستہ آہستہ بول۔ کل رات ہم اسے بہت دور چھوڑ آئے تھے۔ لیکن واپس چلی آئی۔ کم بخت۔ اس کے واپس آنے کے بعد ہم چاہتے تھے اسے بیگم صاحبہ سے چھپا کر رکھنا، اس لیے کوئلوں کی کوٹھری میں بند کر دی تھی۔

امیدوار : تو بیگم صاحبہ کی بلی ہے یہ ؟

میاں : بڑی چہیتی۔

امیدوار : بلی کو میاں کتنی ہی دور لے جا کر چھوڑو، گھر واپس آ ہی جاتی ہے۔

میاں : مگر اب کے تو نہ آئے گی۔ تو سمجھ گیا ہے نا اپنا کام ؟

امیدوار : ہاں ہاں میاں سمجھتا کیوں نہ ؟

میاں : مگر دیکھو زیادہ دکھ نہ پہنچائیو اسے۔ بڑی نرمی سے کام تمام کیجیو۔ مل سکے تو کوئی کلہاڑا حاصل کر لیجیو۔

امیدوار : کلہاڑا۔۔۔ اور اگر۔۔۔

میاں : اگر مگر کچھ نہیں۔ پسیج نہ جائیو کہیں۔ ہم چاہتے ہیں اب کے یہ قصے ہی تمام ہو جائے۔

امیدوار : اور میاں کسی نے دیکھ لیا تو؟

میاں : ابے دیکھ لیا کے بچے !تو اس وقت سن لیا کی فکر رکھ۔ کسی نے بلی کی جان لیتے دیکھ لیا تو کون سا تجھے سولی پر لٹکا دے گا۔ ایسا ہی خوف ہے تو چل رات کو سہی۔

امیدوار : اور میاں اس کام کا انعام ؟

میاں : ۔۔۔ اٹھنی ۔۔۔ یہ ۔۔۔

امیدوار : اٹھنی ۔۔۔ اٹھنی کے لیے یہ خون۔ نا میاں مجھے نہیں منظور۔

میاں　　:اور کیا اپنا سر لے گا۔ ایسی عام بلی کے لیے اٹھنی تھوڑی رقم ہے؟

امیدوار: یہ بڑی عام بلی سہی۔ میرے سینے میں تو دل ہے۔ قیامت کے دن اللہ میاں کو منہ کیا دکھاؤں گا؟

میاں　　:ابے تو پھر بول بھی چک، لے گا کیا؟

امیدوار: میاں ایک تو ہوں میں انسان نرم دل۔ دوسرے قتل وخون میرا پیشہ نہیں۔ میں تو آپ جانیے باورچی گیری کی امید میں آپ کی خدمت میں حاضر ہوا تھا۔ سنا تھا آپ کو باورچی کی ضرورت ہے۔ اس معاملے میں آپ نے دے دیا ٹکا سا جواب۔ اس لیے اب اس خدمت کے لیے تو۔۔۔

میاں　　:ابے تو یہ بول کہ لے گا کیا؟

امیدوار: پانچ کا نوٹ دلوا دیجئے۔

میاں　　:پانچ کا نوٹ؟ سر پھر گیا ہے؟

امیدوار: نا میاں، بیگم صاحبہ کی بلی ہے۔ میں پانچ روپے سے کوڑی کم نہیں لینے کا۔

میاں　　:ارے مگر۔۔۔ پانچ روپے۔۔۔

بیگم　　:(دور سے) اجی! کہاں گئے؟

میاں　　:(گھبرا کر) بیگم صاحبہ آگئیں۔ لے تو یہ پانچ ہی کا نوٹ لے لے اور بھاگ جا۔ بلی کو کپڑے کے نیچے چھپا لے۔ کسی کو اس کی جھلک بھی نظر نہ آنے پائے، اور دیکھ! نشان تک نہ ملے بلی کا۔ ادھر سے جا پچھلے راستے سے، ہمارے غسل خانے میں سے نکل جا۔

امیدوار: پر میاں، بجائے کلہاڑے کے اگر زہر سے کام کروں تو۔۔۔؟

بیگم　　:(دور سے) کہاں ہو؟

میاں　　:(بیگم سے) یہ رہا۔ (امیدوار سے) اب جا بھی چک کہیں۔

امیدوار :بس میں گیا۔ وہ میں نے کہا تو میاں میرے لیے کہیں نوکری کی سفارش۔۔۔؟

میاں :ابے پانچ روپئے لے کر بھی نوکری کی سفارش۔ بھاگ یہاں سے۔

(امیدوار جاتا ہے۔ میاں کھنکھارتا ہے۔ بیگم آتی ہے۔)

بیگم :(آتے ہوئے) یہاں ہو؟ چھپ کر بیٹھے ہو۔ ذرا خیال نہیں میرے صدمے کا۔

میاں :بس آ ہی رہا تھا۔ تمہاری طرف۔

بیگم :(آہ بھر کر) کیا کروں۔ میرا تو دل بیٹھا جاتا ہے۔

میاں :دل۔۔۔

بیگم :جس پرچ میں وہ دودھ پیا کرتی تھی، برآمدے میں اوندھی پڑی ہے۔ دیکھتی ہوں تو ہوکیں اٹھتی ہیں دل میں۔

میاں :واہ یہ بھی کوئی بات ہے صدمے کی؟

بیگم :جس ٹوکری کے اندر گدیلے پر آرام کیا کرتی تھی آج ویران پڑی ہے۔

میاں :تو معمولی بات ہے۔ اس ٹوکری میں تم۔۔۔ میں۔۔۔ مثلاً آلو رکھنے شروع کر دو۔

بیگم :دل دکھانے کی بات نہ کرو۔ مجھے اب تک امید ہے کہ وہ واپس آجائے گی۔

میاں :امید۔ جی تو نہیں چاہتا کہ تمہیں مایوس کروں۔ لیکن کیا کیا جا سکتا ہے (آہ بھر کر) اس کی واپسی کی امید خیال خام ہے۔

بیگم :کیا مطلب؟

میاں :ابھی ابھی بازار کا ایک آدمی میرے پاس ہو کر گیا ہے۔ اس نے ایک اطلاع دی ہے۔ تم اپنے آپ کو ایک افسوس ناک خبر سننے کے لیے تیار کر لو۔

بیگم :افسوس ناک خبر؟ میرا تو دل دھک دھک کرنے لگا۔ کیا خبر ہے وہ؟

میاں   :(رقت سے) ہماری غریب مسکین بلی ایک قصاب کی دکان کے سامنے کھڑی چھیچھڑوں کے خواب دیکھ رہی تھی، کہ بے رحم قصاب نے اسے عدم کا راستہ دکھا دیا۔

بیگم   :ہے ہے۔۔۔!

میاں   :(رقت سے) ایک موٹر اس کا کام تمام کرتی ہوئی اس پر سے گزر گئی۔

بیگم   :میرے اللہ۔۔۔!

میاں   :(آہ بھر کر) اطمینان کے لیے بس اتنی سی بات ہے کہ جس موٹر نے بلی کو کچلا وہ رولس رائس کار تھی۔

بیگم   :(سسکیاں لیتے ہوئے) اور لاش کیا ہوئی دکھیا کی؟

میاں   :لاش کہاں رہی بیگم اس کا قیمہ بن گیا۔ جو شخص خبر دینے آیا تھا۔ اس بے چارے نے خبر پہنچانے سے پہلے اس قیمے کو سمیٹ کو اپنی دکان کے پچھواڑے دفن کر دیا۔

(بیگم زور زور سے سسکیاں بھرنے لگتی ہے۔)

میاں   :جو شخص خبر دینے آیا تھا وہ غریب جب واقعہ بیان کر رہا تھا تو اس کی آنکھوں سے بھی آنسوؤں کی لڑیاں جاری تھیں۔

(بیگم اور زور سے رونے لگتی ہے۔)

میاں   :ہائیں ہائیں بیگم۔ حوصلہ کرو۔ اس کی قضا آئی تھی مر گئی۔ اللہ تعالیٰ کی مرضی تھی۔ مشیت ایزدی میں کس کو دم مارنے کی مجال ہے۔ ہائیں ہائیں۔ کسی نوکر نے روتے دیکھ لیا، تو کیا جی میں کہے گا؟ نہ جانے دل میں کیا سمجھ بیٹھے؟ لو پونچھ ڈالو آنسو۔ کل تم کہہ رہی تھیں کہ آج صبح خرید و فروخت کے لیے بازار جانا ہے۔ مجھے اس وقت بیٹھ مضمون لکھنا ہے۔ کار خالی ہے۔ جاؤ بازار ہو آؤ۔

بیگم   :(سسکیاں لیتے ہوئے) میں کیوں کر بازار جاؤں۔ جب۔۔ جب۔ جب میری بلی

کا، کا۔ کا تو قیمہ۔۔۔

میاں　:ارے تو اب کیوں اسے یاد کیے چلی جا رہی ہو؟ ایک بات تھی ہو گئی۔ اب بھول جاؤ بات کو۔ بھلا دیکھیں تو مسکراتی کیوں کر ہو! دیکھو یہ منہ چھپانا ٹھیک بات نہیں۔ اچھا اگر بازار میں خریدار کے لیے کچھ رقم بھی تمہاری نذر کر دیں تو۔۔۔ اے یہ لو نوٹ۔ ارے دیکھو یہ تو دس روپئے کا ہے۔ دس روپے کا۔ بولو تو بھلا ان دس روپوں کو لاؤ گی کیا؟ بھئی یہ بات ٹھیک نہیں۔ تم تو بولتی نہیں۔ اچھا ہم بتائیں ان روپوں میں سے جناب ایک تو آپ لے آیئے سینٹ اور جناب من۔۔۔

بیگم　:تو پھو۔۔۔ پھو۔۔۔ پھو۔۔۔

میاں　:پھکنی لاؤ گی؟ اچھی بات شوق سے لے آؤ۔

بیگم　:(رونے میں ہنس پڑتی ہے۔) بڑے اچھے لگتے ہیں۔

میاں　:ہنس پڑیں نا۔ یہ بات!

بیگم　:بات ہی ایسی الٹی کرتے ہو۔ میں کہہ رہی تھی پھول لاؤں گی۔

میاں　:پھول کیسے ؟

بیگم　:بلی کی قبر پر چڑھانے کو۔

میاں　:پھر وہی بلی۔ ارے بھئی تھی۔ مر گئی۔ بھول جاؤ اب اس کو۔

(دیور داخل ہوتا ہے۔)

دیور　:آداب عرض ہے بھائی جان۔ مزاج شریف؟ کیوں بھابی ارے کیا ہوا انھیں؟

بیگم　:بھئی میری بے چاری۔۔۔

میاں　:تم جانے دو میں سنا دوں گا سارا قصہ۔ تمہاری بھابی اصل میں ایک واقعے سے بڑی مضطرب ہو گئی ہیں۔

دیور   : کیا واقعہ ہو گیا؟

میاں   : ابھی بتاتا ہوں۔ تو بیگم تم جاؤ بازار ہو آؤ۔ گھوم پھر کر آؤ گی تو طبیعت آپ سے آپ بحال ہو جائے گی۔ لو آؤ دروازہ تک چھوڑ آؤں۔

(دروازہ بند کرتا ہے۔)

دیور   : قصہ کیا ہے؟

میاں   : اماں کچھ نہ پوچھو۔ اس کم بخت بلی نے مصیبت ڈال رکھی ہے۔

دیور   : بھابی کی بلی؟

میاں   : ہاں!

دیور   : تو کیا ہوا اسے؟

میاں   : امید ہے اب تک وفات پا چکی ہو گی۔

دیور   : وفات۔ اور یہ "امید ہے" کے کیا معنی؟

میاں   : اندازہ ہے میرا۔

دیور   : بے چاری بلی۔

میاں   : اب جناب اپنی ہمدردی اسی بلی پر صرف نہ کیجئے۔ مجھ سے ہمدردی کیجئے۔ اسے اس گھر میں آئے ایک مہینہ کا عرصہ ہوا تھا۔ قسم لے لو جو اس سارے مہینے میں مجھے راحت کا ایک پل نصیب ہوا ہو۔

دیور   : کیا باتیں کرتے ہیں بھائی جان!

میاں   : باتیں؟ اماں اس کم بخت نے میرا جینا دو بھر کر دیا تھا۔

دیور   : وہ کیوں کر؟

میاں   : سب سے پہلے تو میری بیوی کو چھین کر اپنا بنا لیا۔ یعنی بخدا جب سے وہ سبز قدم

گھر میں آئی تھی تمہاری بھابی کے لیے میں تو جیسے کوئی شے ہی نہیں رہا تھا۔

دیور :رہنے بھی دیجئے بھائی جان۔

میاں :تم سمجھتے ہو میں مبالغہ کر رہا ہوں۔ دیکھتے تو پتہ چلتا۔ کہیں بلی کو دودھ پلایا جا رہا ہے کہیں گوشت کے تکّے کھلائے جا رہے ہیں، کسی وقت بلی کو گیند سے کھیلتا دیکھ رہی ہیں۔

دیور :ہو جاتا ہوگا دن میں ایک آدھ گھنٹہ یہ شغل!

میاں :ارے مگر شغل کے لیے کوئی بھلی مانس خاندانی بلی ہو۔ وہ تو ایک چھٹی ہوئی بلی تھی۔ پچھلے مہینے کم بخت نے ایک چوہا پکڑ کر میرے تازہ ترین افسانے کے اوراق پر اس کا ناشتہ کیا۔

دیور :تو آپ جانور سے بھی عقل کی توقع رکھتے ہیں؟

میاں :ارے بھئی عقل نہ ہو، تمیز تو ہو۔ کیچڑ میں سے گھوم کر آتی اور نہایت بے تکلفی سے میرے اجلے بستر پر چڑھ جاتی۔

دیور :تو پھر اب وہ ہے کہاں؟

میاں :جہاں تک میری ناقص فہم تخمینہ لگا سکتی ہے، وہ مسماۃ اس وقت دوسری دنیا کی سیاحت کے لیے رخت سفر باندھ رہی ہے۔

دیور :وہ کیسے؟

میاں :بات یوں ہوئی کہ کل ہم نے دل میں طے کر لیا تھا کہ بھئی بہت عرصہ صبر سے کام لیا۔ اب ہر چہ بادا باد۔ بلی اس گھر میں نہیں رہ سکتی۔ چنانچہ جناب من کل رات ہم نے اس بلا کر کو چپکے سے اٹھایا اور موٹر میں بٹھا کر دریا کا راستہ پکڑا۔

دیور :چنانچہ اب آپ کا خیال ہے کہ وہیں دریا کے کنارے بلی غالباً مر کھپ چکی ہوگی۔

میاں :کہاں مر کھپ۔۔۔ وہ کم بخت تو پھر نازل ہو گئی۔

دیور　:سچ ؟

میاں　:اور کیا جھوٹ بول رہا ہوں۔ صبح صبح اندھیرے منہ میاؤں میاؤں کر یہ آواز سن کر آنکھ کھل گئی۔ اٹھ کر دیکھتا ہوں تو، دھری ہوئی ہیں۔ اب گھر کے دروازے تو بند تھے، غالباً کسی موری کے راستے گھس آئی تھی۔

دیور　:پھر ؟

میاں　:پھر کیا، خون کے گھونٹ پی کر رہ گیا۔ صبح صبح سمجھ میں بھی تو نہ آتا تھا کہ کیا کروں اور کچھ تو سوجھا نہیں۔ میں بلی کے منہ پر رومال باندھ اسے کوئلوں کی کوٹھری میں بند کر دیا۔ سوچا منہ پر رومال بندھا ہونے سے اس کی آواز سنائی نہ دے گی۔ دن میں آرام سے سوچ سمجھ کر فیصلہ کریں گے کہ اس سے دائمی نجات کیوں کر پائی جائے ؟

دیور　:تو بلی اب تک کوئلوں کی کوٹھری میں بند ہے ؟

میاں　:جی بند رہی تھی۔ یہاں صبح سے سوائے اس فکر کے دوسرے کوئی فکر نہ تھا کہ جب بیگم صاحبہ کو صدمہ بھی پہنچالیا تو اب ٹھکانے لگاؤں اس بلی کو۔ اتفاق کی بات تھوڑی دیر ہوئی، ایک ملازمت کا امیدوار آ گیا میرے پاس۔ اس سے باتیں کرتے کرتے اچانک خیال آیا کہ بلی کا کام اس کے ہاتھوں تمام کرانا چاہئے۔ چنانچہ جناب ابھی تھوڑی دیر ہوئی وہ بلی کو لے کر گیا ہے اور بیگم کو میں نے یہ کہہ کے ٹالا ہے کہ بلی موٹر تلے آ کر مر گئی۔

دیور　:بھائی جان! سچ تو یہ ہے کہ آپ نے کسی قدر زیادتی کی ہے۔

میاں　:بلی سے زیادتی ؟ اور مجھ سے کیا ہو سکتا تھا بھلا! اس ایک بلی کی بدولت میرا گھر غلیظ تھا۔ میرا اطمینان قلب غارت تھا۔ میرے تعلقات ہمسایوں اور کئی دوسرے لوگوں سے تو کیا، خود اپنی بیوی تک سے کشیدہ سے ہو گئے تھے اور پھر کئی روپے بھی تو اٹھ گئے میرے۔ پانچ روپئے۔۔۔

دیور　:اس شخص کو دیے جو بلی کاٹھکانے لگانے لے گیا ہے!

میاں　:اور کیا؟ کم بخت اس سے کم پر کسی طرح مانتا ہی نہ تھا اور پھر یہی پانچ تھوڑا اٹھے۔ تمہاری بھابی کا غم بہلانے کے لیے دس روپئے خود ان کی نذر بھی تو کرنے پڑ گئے۔ کل پندرہ اٹھ گئے۔ پر مجھے نہیں افسوس روپئے کا۔ پندرہ روپئے میں امن اور سکون کی زندگی سستی ہے۔

(میاؤں میاؤں کی آواز۔ بیگم بھاگی بھاگی اور خوشی کے جوش سے بے تاب آتی ہے۔)

بیگم　:میں نے کہا کہاں گئے؟ سنو تو۔ سنو تو۔ میں کار میں سوار ہو کر بنگلے سے نکل رہی تھی کہ دروازے پر ایک بھلامانس ملا۔ اس نے ہاتھ اٹھا کر کار روک لیا۔ ڈرائیور سے پوچھا۔ کار میں بیگم صاحبہ ہیں؟ اس نے کہاں ہاں۔ تو جھٹ کپڑے تلے سے ایک چیز نکال میرے لیے پیش کی۔ پوچھو بھلا کیا؟ بلی اور بلی بھی کیسی؟ ہو بہو میری مرحوم بلی کی تصویر۔ بس کسی کوئلے والے کے یہاں رہ کر کالی ضرور ہو گئی ہے۔ مگر نہا دھو کر بالکل مرحوم بلی جیسی ہو جائے گی۔

میاں　:تو تم نے خدانخواستہ لے تو نہیں لیا اسے؟

بیگم　:اور کیا (دیور کی دبی ہوئی ہنسی) جو دس روپئے تم نے دیئے تھے اس سے بلی تو خریدی ہے۔

میاں　:دس روپئے میں بلی!

بیگم　:اور ساتھ بیچنے والے کو ملازم رکھ لیا۔

میاں　:ملازم۔۔۔

(دیور کی ہنسی)

بیگم : بے چارہ بال بچے دار ہے۔ نوکری کی تلاش میں تھا۔ بے حد بھلا مانس ہے۔ ادھر کھڑا ہے۔

میاں : وہ بدمعاش!

امیدوار : سلام میاں! آپ نے تو سفارش کے ایک پرزے سے بھی جواب دے دیا تھا۔ اللہ بیگم صاحبہ کو خوش رکھے۔ ان کی مہربانی سے آپ ہی کے قدموں میں جگہ مل گئی۔

(میاؤں میاؤں۔ دیور کی ہنسی)

بیگم : سنا۔ بلی آتے ہی گھر میں ایسی بے تکلفی سے پھرنے لگی گویا عرصے سے یہیں رہی ہو میں بلاتی ہوں۔ پسی پسی پسی!

* * *

مامتا کی چوری

سعادت حسن منٹو

افراد :

مسٹر بھاٹیہ مسز بھاٹیہ گوپال (گوپو) مسٹر اور مسز بھاٹیہ کا کم سن لڑکا

چپلا گوپال کی استانی ڈاکٹر

(پانی میں ہاتھ دھونے کی آواز)

ڈاکٹر : بچے کو زبردست انفکشن ہوگئی ہے اگر اس کی اچھی طرح تیمارداری اور خبر گیری نہ کی گئی تو مجھے اندیشہ ہے۔۔۔

چپلا : نہیں نہیں۔۔۔ کسی بات کا اندیشہ نہیں ہے۔ آپ مطمئن رہیں ڈاکٹر صاحب اس کی اچھی طرح تیمارداری کی جائے گی۔۔۔ یہ لیجئے تولیہ!

(بچہ بخار میں ''ہوں ہوں'' کرتا ہے)

چپلا : گوپو۔ گوپو۔۔۔ میں تیری استانی ہوں بیٹا۔۔۔ کیا تو آج سبق نہیں پڑھے گا مجھ سے۔۔۔ اور سیر کے لئے بھی تو جانا ہے ہمیں۔ نہیں، نہیں، کل چلیں گے۔ کل تو بالکل ٹھیک ہو جائے گا۔

ڈاکٹر : باتیں کرنے سے بچے کو تکلیف ہو گی۔

چپلا　:بہت اچھاڈاکٹر صاحب میں باتیں نہیں کروں گی۔ پر میں اس کے پاس بیٹھ تو سکتی ہوں۔ یہ خود چاہتا ہے کہ میں اس کے بیٹھی رہوں۔

ڈاکٹر　:تو بھاٹیہ صاحب جو ہدایات میں دے چکا ہوں ان پر ضرور عمل کیا جائے۔

بھاٹیہ　:بہت بہتر ڈاکٹر صاحب!

(چلنے کی آواز۔۔۔ پھر دروازہ کھلتا ہے۔)

مسز بھاٹیہ　:ڈاکٹر صاحب بتائیے۔ میرے بچے کا کیا حال ہے۔۔۔ بچ جائے گا خطرے کی کوئی بات نہیں ؟۔۔۔ اور۔۔۔ اور۔۔۔ اوہ۔۔۔ لیکن یہ کیا ظلم ہے کہ مجھے اس کے پاس جانے سے منع کیا جاتا ہے۔ (جذبات کی رو میں بہہ کر) کیا میں اس کی ماں نہیں۔ کیا وہ میرا بیٹا نہیں۔۔۔ وہ عورت کیا وہ عورت قاعدے کے چند حروف پڑھا کر اس کی ماں بن گئی ہے۔۔۔ چند روز باغ میں لے جا کر کیا اس عورت کے دل میں مامتا پیدا ہو گئی ہے ؟۔۔۔ میری اولاد پر اسے کیا حق ہے۔ کب تک وہ میرے ہی گھر میں میری چیزوں پہ قابض رہے گی۔۔۔ میں کب تک یہ اذیت برداشت کرتی رہوں گی۔

ڈاکٹر　:(سنجیدگی کے ساتھ) بچے کی حالت نازک نہیں ہے لیکن وہ خطرے سے باہر بھی نہیں۔ بہت احتیاط کی ضرورت ہے۔۔۔ ہاں تو بھاٹیہ صاحب میں اب اجازت چاہتا ہوں۔

مسز بھاٹیہ　:اور۔۔۔ اور یہ سب احتیاط صرف وہی عورت کر سکتی ہے۔۔۔ میں بالکل ناکارہ ہوں۔ محض اتفاق ہے کہ میں اس کی ماں ہوں۔ ورنہ وہی عورت اس کی سب کچھ ہے (سسکیاں)۔۔۔ میں۔۔۔ میں کتنی رکھی ہوں۔

بھاٹیہ　:ڈاکٹر صاحب آپ کا بہت بہت شکریہ۔ امید ہے شام کو آپ ضرور تشریف لائیں گے۔

ڈاکٹر　:ایک ایک گھنٹے کے بعد دوا دینا نہ بھولئے گا اور وہ بھاپ بھی۔۔۔

بھاٹیہ : آپ مطمئن رہیں گوپال کی استانی ہوشیار ہے اسے سب کچھ یاد رہے گا۔

(دروازہ کھولنے اور بند کرنے کی آواز۔۔۔ڈاکٹر چلا جاتا ہے۔)

مسز بھاٹیہ : تم یہ جھگڑا ہی ختم کیوں نہیں کر دیتے۔ یہ نئی بلا جو تم نے پالی ہے اسی کے ہو رہو اور مجھے زہر دے کر ہلاک کر دو۔ یہ روز روز کی دانتا کلکل تو ختم ہو۔ میرا تو اس گھر میں ہونا نہ ہونا برابر ہے۔ یہ چپلا جب سے آئی ہے ایسا جادو اس نے تم پر کیا ہے کہ میں کیا کہوں۔ اب تو گھر میں اسی کا راج ہے۔ میں کون، تین میں تیرہ میں سعی کی گرہ میں۔۔۔ تم تو خیر اس کے ہو ہی گئے تھے۔ پر اس موئی نے تو میرے بچے پر بھی قبضہ جما لیا ہے۔ اب بتاؤ میں کہاں جاؤں؟

بھاٹیہ : (بڑی متانت اور ٹھنڈے دل سے) میں تم سے بار بار کہہ چکا ہوں اور اب پھر کہتا ہوں کہ تم بہت بڑی غلط فہمی میں مبتلا ہو۔ یہ گھر بار سب تمہارا ہے بچہ بھی تمہارا ہے جس عورت کا تم بار بار ذکر کرتی ہو وہ تمہاری نوکر ہے۔۔۔ تمہارے بچے کو اس نے دنوں میں سدھار دیا۔۔۔ اب بیماری میں وہ اس کی خبر گیری کر رہی ہے اس کے لئے

مسز بھاٹیہ : تم اس کی وکالت کیوں کرتے ہو؟۔۔ تم کیوں اس کی اصلی خواہشوں پر پردہ ڈالتے ہو۔۔۔ کیا یہ جھوٹ نہیں کہ جب سے وہ اس گھر میں داخل ہوئی ہے تم مجھ سے بالکل بے پرواہ ہو گئے ہو۔ تم اب مجھ سے بات کرنے کے بھی روادار نہیں اور کیا یہ جھوٹ ہے کہ بچے کو لے کر کئی کئی گھنٹے تم اس حرافہ کے ساتھ باغ میں ٹہلتے رہتے ہو؟ جب وہ بچے کو سبق پڑھاتی ہے تو گھنٹوں تم اس کے پاس بیٹھے رہتے ہو کیا یہ غلط ہے کیا یہ سب اس چڑیل کی کارستانی نہیں۔۔۔ اس ذلیل عورت کو جو فاحشہ سے بھی بدتر ہے۔۔۔

مسٹر بھاٹیہ : پاربتی۔۔۔ بند کرو اس بکواس کو (غصے کو پی کر) تم۔۔۔ تم۔۔۔ اب

میں تم سے کیا کہوں۔ میری زندگی تم نے اجیرن کر دی ہے۔

مسز بھاٹیہ : (طعن آمیز لہجے میں) میں تو بہت سکھی ہوں۔۔۔ میری زندگی تو بڑے آنند میں گزر رہی ہے۔

مسٹر بھاٹیہ : بھگوان کے لئے اب یہ موہنا ٹھی بند کرو۔

مسز بھاٹیہ : زور صرف مجھی پر چلتا ہے۔ لیکن سن لو جب تک یہ عورت گھر میں موجود ہے میری زبان چلتی رہے گی۔ مجھے دیکھ دینے کے لئے جب تم یہ عورت یہاں لے آئے ہو تو میں تمہیں ایک لمحے کے لئے چین نہ لینے دوں گی اور اس عورت۔۔۔ اور اس عورت کو پرماتما سزا دے گا۔ جس نے میرے بسے بسائے گھر کو برباد کیا ہے۔ جس نے میرا پتی دن دہاڑے مجھ سے چھین لیا ہے۔

مسٹر بھاٹیہ : میں اب دفتر جا رہا ہوں زیادہ باتیں کرنے کے لئے میرے پاس وقت نہیں تم چاہو تو دوسرے کمرے میں اپنے لڑکے کے پاس جا سکتی ہو۔

مسز بھاٹیہ : میں نہیں جاؤں گی۔

مسٹر بھاٹیہ : یہ اور بھی اچھا ہے۔

(دروازے کھولنے اور بند کرنے کی آواز۔ بھاٹیہ چلا جاتا ہے۔ مسز بھاٹیہ چند لمحات تک اضطراب کی حالت میں ٹہلتی ہے۔)

مسز بھاٹیہ : چپلا۔۔۔ چپلا۔

(دروازہ کھولنے کی آواز۔)

چپلا : میں نے آپ کی آواز سن لی تھی۔ آپ نے دوسری مرتبہ زور سے پکارا گویو جاگ پڑا۔

مسز بھاٹیہ : پھر سو جائے گا۔ کوئی حرج نہیں!

چپلا :بڑی مشکل سے بیچارے کی آنکھ لگی تھی۔

مسز بھاٹیہ :گوپو سے تمہیں بہت پیار ہے؟

چپلا :جی ہاں۔

مسز بھاٹیہ :کیوں؟

چپلا :مجھے اس سے پیار ہے۔ میں دل سے اسے چاہتی ہوں۔۔۔ کیوں؟ اس کا میں آپ کو جواب دوں۔

مسز بھاٹیہ :کیا مجھے اس سے محبت نہیں؟

چپلا :آپ کو مجھ سے زیادہ اس کا علم ہونا چاہئے۔

مسز بھاٹیہ :کیا میں اس کی ماں نہیں؟

چپلا :آپ یقیناً اس کی ماں ہیں۔

مسز بھاٹیہ :تم اس کی کیا ہوتی ہو؟

چپلا :استانی، جس کو آپ نے مقرر کیا ہے۔

مسز بھاٹیہ :میں نے تمہیں مقرر نہیں کیا۔ میرے پتی نے تجھے نوکر رکھا ہے۔

چپلا :میں بھاٹیہ صاحب اور آپ میں کوئی فرق نہیں سمجھتی۔ میں آپ کی بھاٹیہ صاحب اور گوپو تینوں کی خدمت گار ہوں۔ میرا کام خدمت کرنا ہے۔

مسز بھاٹیہ :جیسی خدمت تم میرے پتی کی کر رہی ہو۔ اس سے پتہ چلتا ہے کہ تم اپنے فن میں ضرورت سے زیادہ مہارت رکھتی ہو؟

چپلا :میں آپ کا مطلب نہیں سمجھی۔

مسز بھاٹیہ :میرے منہ میں بھاٹیہ صاحب کی زبان ہوتی تو میرا مطلب فوراً تمہاری سمجھ میں آجاتا۔۔۔ تم۔۔۔

چپلا   : فرمایئے۔

مسز بھاٹیہ : (لہجہ بدل کر) دیکھو چپلا۔ میں عورت ہوں۔ تم بھی عورت ہو۔۔۔ آؤ کھل کر باتیں کریں وہ پردہ اٹھا دیں جو ہمارے درمیان حائل ہے۔

چپلا   : آقا اور نوکر کے درمیان پردہ ہی کیا ہو سکتا ہے۔

مسز بھاٹیہ : انجان بننے کی کوشش نہ کرو۔۔۔ میں تم سے ایک التجا کرنا چاہتی ہوں۔۔۔ میں تم سے کچھ مانگنا چاہتی ہوں۔ مجھے مانگنے دو۔ التجا کرنے دو۔۔۔ دیکھو جب سے تم اس گھر میں آئی ہو۔ میری زندگی بالکل اجیرن ہو گئی ہے۔ میرا پتی مجھ سے چھین گیا۔ میرا بچہ بھی میرا بچہ نہ رہا۔۔۔ یہ سب کچھ تم نے لے لیا۔۔۔ وہ تمام چیزیں جن کی ملکیت سے عورت بیوی بنتی ہے۔ ایک ایک کر کے تم مجھ سے چھین چکی ہو اس گھر میں جو کبھی میرا تھا میں اجنبی مہمانوں کی سی زندگی بسر کر رہی ہوں۔۔۔ دیکھو تم عورت ہو ایک مظلوم عورت تم سے بھیک مانگتی ہے اس کو وہ تمام چیزیں بخش دو جو اتفاق سے تمہارے ہاتھ آ گئی ہیں۔

چپلا   : (جذبات پر قابو پا کر)۔۔۔ آپ۔۔۔ آپ۔۔۔ اب میں آپ سے کیا کہوں، آپ ایک شریف عورت کو بدنام کر رہی ہیں۔

مسز بھاٹیہ : (چڑ کر) شریف عورت۔۔۔ آہ تمہاری شرافت۔۔۔ تم عورت نہیں ڈائن ہو۔ لیکن میں پوچھتی ہوں، کب تک تم ان چیزوں کو اپنی ملکیت بنائے رکھو گی۔۔۔ جن پر تمہارا کوئی حق نہیں۔ کب تک تم اس گھر میں فساد برپا کئے رکھو گی۔۔۔ کب تک۔۔ کب تک۔۔۔ کب تک تم ان بجلیوں سے بچی رہو گی جو آکاش میں تم ایسی ناپاک عورتوں پر گرنے کے لئے تڑپتی رہتی ہیں۔

چپلا   : (کوئی فیصلہ کرنے کے انداز میں) آپ کیا چاہتی ہیں۔ میں چاہتی۔۔۔

مسز بھاٹیہ :میں تمہارے منہ پر تھوکنا چاہتی ہوں۔۔۔ میں چاہتی ہوں کہ یہ دنیا تمہارے وجود سے پاک ہو جائے۔ میں چاہتی ہوں کہ جو دکھ تم نے مجھے دیئے ہیں۔ تمہارے حلق میں ہچکی بن کر اٹک جائیں۔۔۔ میں بہت کچھ چاہتی ہوں۔۔۔ میں چاہتی ہوں کہ گوپال مجھے ماں کہے۔ میری بے چارگی دیکھو کہ میں کیا چاہتی ہوں۔

چپلا :گوپال کی ماں آپ کے سوا کون ہو سکتی ہے؟

مسز بھاٹیہ :تم۔۔۔ تم۔۔۔ جس نے میری ماتا پر بھی قبضہ جما لیا۔

چپلا :(معنی خیز لہجے میں) ماتا چرائی نہیں جا سکتی۔ آپ نے خود کہیں کھو دی ہو گی۔

مسز بھاٹیہ :میں تم سے بحث کرنا نہیں چاہتی۔ ایک سودا کرنا چاہتی ہوں۔۔۔ مجھ سے کچھ زیورات لے لو اور یہاں سے چلی جاؤ۔ ان سے کہہ دینا۔۔۔ میں اپنی مرضی سے جا رہی ہوں۔

چپلا :کیا اس سے آپ کا اطمینان ہو جائے گا۔

مسز بھاٹیہ :(خوش ہو کر) تو میں تمہیں زیور اور روپے لا دوں۔

چپلا :جی نہیں، مجھے ان کی ضرورت نہیں۔ آپ نے مجھے نوکر رکھا اور اب نکال دیا اس میں سودا کرنے کی نوبت ہی کہاں آتی ہے میں آج ہی چلی جاؤں گی اور یہ افسوس ساتھ لیتی جاؤں گی کہ آپ نے مجھے شک کی نظروں سے دیکھا۔۔۔ گوپال آپ ہی کا ہے۔ پرماتما کرے کہ وہ تندرست ہو جائے اور آپ کی گود ہری رہے۔

(کلاک چھ بجاتا ہے۔)

مسٹر بھاٹیہ :(اپنی بیوی کو آواز دیتا ہے) پاربتی۔ پاربتی۔۔۔

مسز بھاٹیہ :(روکھے پن سے) کیا ہے؟

مسٹر بھاٹیہ :چپلا کہاں ہے۔ بچے کو اس نے دوا کیوں نہیں پلائی؟

مسز بھاٹیہ : مجھے کیا معلوم۔ اپنے کمرے میں ہوگی۔

مسٹر بھاٹیہ : کیا کر رہی ہے؟

مسز بھاٹیہ : اندر جا کے دیکھ لو۔

مسٹر بھاٹیہ : دیکھتا ہوں۔

(چلتا ہے اور دروازہ کھول کر دوسرے کمرے میں جاتا ہے۔)

بھاٹیہ : چپلا، تم کیا کر رہی ہو۔۔۔ یہ اسباب وغیرہ تم نے کیوں باندھا ہے؟

چپلا : میں جا رہی ہوں۔

بھاٹیہ : کہاں؟

چپلا : جہاں سے آئی تھی۔

بھاٹیہ : کوئٹے میں بھونچال کے بعد، تمہارا کون باقی رہا ہے۔

چپلا : کہیں اور چلی جاؤں گی۔

بھاٹیہ : تم نے تو وعدہ کیا تھا کہ گوپال کو چھوڑ کر کبھی نہ جاؤں گی۔ جانتی ہو۔ وہ تمہیں کتنا چاہتا ہے۔۔۔

چپلا : یہ اس کی غلطی ہے۔ اس کو اپنی ماں سے محبت کرنی چاہئے۔

بھاٹیہ : (تھوڑی دیر خاموش رہ کر) معلوم ہوتا ہے اس کی ماں سے تمہاری گفتگو ہوئی ہے لیکن اس سے تم نے یہ کہا ہوتا کہ ماں کو بھی اپنے بچے سے محبت کرنی چاہئے۔۔۔ تم نے اس سے پوچھا ہو تا کہ ماں بننے کا خیال اب ایکا ایکی اس کے دل میں کیوں پیدا ہو گیا ہے۔

چپلا : میں نوکر ہوں بھاٹیہ صاحب۔ ایسے گستاخانہ سوال میری زبان پر کبھی نہیں آ سکتے۔

بھاٹیہ : لیکن وہ عورت۔۔۔ لیکن وہ عورت۔۔۔ آہ۔ اس عورت نے مجھے کتنا تنگ کیا ہے۔ جب تم یہاں نہیں تھیں تو وہ سمجھتی تھی کہ میں نے باہر ہی باہر کئی عورتوں سے تعلقات قائم کر رکھے ہیں۔ اب تم یہاں ہو تو۔۔۔ تو اب میں تم سے کیا کہوں کہ وہ کیا سمجھتی ہے۔۔۔ میں بہت شرمندہ ہوں چپلا کہ میرے گھر میں تمہیں ایک بے وقوف عورت کے ہاتھوں دکھ پہنچا ہے۔

چپلا : انہیں شک ہے۔

بھاٹیہ : ہر چیز کو شک کی نظروں سے دیکھ دیکھ کر اب وہ ناقابل برداشت حد تک شکی ہو گئی ہے۔ اس کی حالت قابل رحم ہے۔ وہ مریض ہے۔ وہم اس کو مرض بن کے چمٹ گیا ہے وہ لاعلاج ہے۔ شادی کے بعد دوسرے ہی ہفتے اس نے مہندی لگے ہاتھوں سے میرا منہ نوچنا شروع کر دیا تھا۔ میں ایک مصروف آدمی ہوں سارا دن دفتر میں سر کھپاتا رہتا ہوں یقین مانو تمہارے یہاں آنے سے پہلے میں گھر آتے وقت ڈرتا تھا بہت خوف کھاتا تھا اس کی دیوانگی کا اثر صرف میری ذات ہی پر ختم ہو جاتا تو شاید میں برداشت کر لیتا مگر اس کی بے وقوفیوں نے میرے بچے کا بھی ستیاناس کر دیا۔ اس کی عادات خراب ہو گئیں۔ میں نے پرماتما کا لاکھ لاکھ شکر ادا کیا کہ اس نے تم جیسی دیوی کو میرے گھر بھیج دیا۔ تمہارے آنے سے میری بہت سی پریشانیاں دور ہو گئیں بچے کو تم نے سنبھال لیا۔ اس کو پیار و محبت کی ضرورت تھی اور تم نے دونوں ہی اپنا گرویدہ بنالیا۔ مگر اب تم جا رہی ہو۔۔۔

چپلا : جی ہاں۔ جا رہی ہوں!

بھاٹیہ : ٹھیک ہے مگر میرے بچے کا کیا ہو گا۔ وہ عورت تو مجھے اور اسے دونوں کو اپنی حماقتوں سے ہلاک کر دے گی (وقفہ) تم نہیں جاؤ گی۔۔۔ تم یہیں رہو گی۔ آخر اس گھر پر تو کچھ میرا بھی حق ہے میرے منہ میں بھی تو زبان ہے۔ اب تک میں نے اپنے اختیارات

سے کام نہیں لیا۔ لیکن اب مجھے لینا پڑے گا۔

چپلا : بھاٹیہ صاحب۔ آپ اس جھگڑے کو طول نہ دیجئے۔۔۔ میں نہیں چاہتی کہ آپ میں اور ان میں میری وجہ سے کشید گی پیدا ہو۔

بھاٹیہ : یہ کشید گی اب پیدا نہیں ہوئی تمہارے آنے سے پہلے ہی اس گھر میں موجود تھی۔۔۔ میں تم سے درخواست کرتا ہوں کہ ابھی کچھ دیر ٹھہر جاؤ گوپو اچھا ہو جائے تو کیا پتہ ہے کہ اس کی ماں بھی سمجھ جائے۔۔۔ میں جانتا ہوں کہ اس کی باتوں سے تمہیں بہت دکھ پہنچا ہو گا اور۔۔۔ اور تم کو زبردستی یہاں ٹھہرانے کا مطلب یہ ہے کہ مزید توہین برداشت کرنے کے لیے تمہیں مجبور کیا جائے۔ مگر۔۔۔ مگر۔۔۔ نہیں چپلا۔ تم نہیں جاؤ گی۔ تمہارے انکار سے ہمیں صدمہ ہو گا۔۔۔ کھول دو اپنا اسباب!

(دروازہ کھول کر دوسرے کمرے میں چلا جاتا ہے۔)

بھاٹیہ : پاربتی تمہیں یہ سن کر خوشی ہو گی کہ چپلا اب نہیں جائے گی۔ اس نے اپنا ارادہ ترک کر دیا ہے۔

مسز بھاٹیہ : (طنز بھرے لہجے میں) مجھے بہت خوشی ہوئی ہے۔

بھاٹیہ : اور دیکھو۔ اگر تم نے اس کی توہین کی یا اسے اپنی وہم پسند طبیعت کا نشانہ بنایا۔۔

۔

مسز بھاٹیہ : (تیزی سے) تو۔۔۔ تو کیا ہو گا۔۔۔ تم مجھے دھمکاتے کیا ہو۔ کیا کرو گے تم۔۔۔ مجھے دھکے مار کر باہر نکال دو گے۔۔۔ مجھے مار ڈالو گے؟ کیا کرو گے؟

بھاٹیہ : میں ایک بار پھر تمہارے لیے دعا کروں گا۔

مسز بھاٹیہ : مگر تم اس عورت کو نہیں چھوڑو گے اس کو ہمیشہ اپنے ساتھ رکھو گے۔ جو تمہارا دل نہ جانے کن اداؤں سے موہ چکی ہے جو کوٹھے میں بھونچال لا کر اب اس گھر

میں زلزلہ برپا کر رہی ہے۔ مگر یاد رکھو۔۔۔

بھاٹیہ : (بلند آواز میں غصے کے ساتھ) پاربتی۔ اس بے۔۔۔ بے ہودہ بکواس کو بند کرو۔ میں۔۔۔ میں۔۔۔ کچھ نہیں، پرماتما تمہاری حالت پر رحم کرے۔

(فرش پر اضطراب کے ساتھ ٹہلنے کی آواز)

بھاٹیہ : اب خوش ہو گئیں۔ کلیجہ ٹھنڈا ہو گیا۔۔۔ وہ عورت جس نے تمہارے خیال کے مطابق نہ جانے کن اداؤں سے میرا دل موہ لیا ہے تمہارے بچے پر اپنی جان قریب قریب فنا کر چکی ہے۔ اس کی زندگی اور موت میں اتنا وقت بھی باقی نہیں کہ وہ تمہارے ظلم و ستم کے خلاف آواز بلند کر سکے۔ تمہیں کوئی بد دعا ہی دے سکے۔

مسز بھاٹیہ : میرا کیا قصور ہے؟

بھاٹیہ : تم نے ہر وقت اس کی توہین کی۔ اس کی ہر نیکی، ہر اچھائی کو تم نے اپنی لعنتی نظروں سے دیکھا۔ اف! جب میں اس کا تصور کرتا ہوں کہ تم نے ایک پاک اور معصوم عورت پر کیچڑ اچھالی ہے تو میری آتما کانپ کانپ اٹھتی ہے۔ مگر تمہاری آتما کہاں ہے؟ تمہارا ضمیر کہاں ہے۔۔۔ جاؤ، جاؤ، میری آنکھوں سے دور ہو جاؤ۔۔۔ تم قاتل ہو۔ تمہارے ہاتھ مجھے اس بے گناہ عورت کے خون میں آلودہ نظر آتے ہیں۔

مسز بھاٹیہ : کیا پتہ ہے بچ جائے۔

بھاٹیہ : اب وہ کیا بچے گی۔۔۔ ڈاکٹر جواب دے چکا ہے۔ تمہارے بچے کو موت سے بچا کر وہ خود اس کے منہ میں چلی گئی ہے۔۔۔ اب کچھ نہیں ہو سکتا۔ کاش! میں نے اسے اسی روز جانے دیا ہوتا۔ میرا اس پر کوئی زور تو تھا ہی نہیں مگر وہ میرے کہنے پر رضا مند ہو گئی اس لیے گوپو سے اسے پیار تھا۔ وہ پیار جو تمہارے دل میں ہونا چاہئے تھا۔ گوپو کو اس کے دل میں نظر آیا۔ وہ بچ گیا اور وہ موت جو تجھے آنا چاہئے تھی۔ اسے آ گئی۔

گوپال :(روتا ہوا آتا ہے) پتا جی، پتا جی۔۔۔ استانی جی کہاں ہیں ؟

بھاٹیہ : گوپال جاؤ۔ تم باہر کھیلو، تمہاری استانی بیمار ہے۔

گوپال :میں بیمار تھا تو میرے پاس بیٹھی رہتی تھیں۔ اب میں ان کے پاس بیٹھوں گا۔ پتا جی!

بھاٹیہ :ہاں، ہاں۔۔۔ لیکن تم اب باہر جاؤ۔

(گوپال چلا جاتا ہے۔۔۔ کچھ وقفے کے بعد)

مسز بھاٹیہ :مجھے اجازت ہو تو میں چپلا کو دیکھنا چاہتی ہوں۔

بھاٹیہ :اس اجازت کی ضرورت تمہیں کیوں محسوس ہوئی۔۔۔ جاؤ۔۔۔ دیکھ آؤ۔ مگر تمہارے دیکھنے سے کیا اس کا دل تمہاری طرف سے صاف ہو جائے گا۔ وہ خراشیں جو تم اس کے دل و دماغ پر پیدا کر چکی ہو۔ یوں ایک بار دیکھنے سے مٹ تو نہیں جائیں گی۔۔۔ جاؤ ممکن ہے وہ تمہیں معاف کر دے۔ تم نے اسے بہت دکھ پہنچایا ہے۔ میں تو خیر تمہاری حماقتوں کا عادی ہو چکا تھا۔ مگر ایک آفت رسیدہ عورت کے لیے جو اچھے دن دیکھ چکی ہو تمہاری، ہیسٹریا کے دورے ناقابل برداشت تھے۔

(وقفے کے بعد دروازہ کھولنے کی آواز۔۔۔ مسز بھاٹیہ دوسرے کمرے میں جاتی ہے۔)

مسز بھاٹیہ :چپلا۔۔۔ چپلا۔۔۔ میں آئی ہوں۔

چپلا :(مردہ آواز میں) آیئے۔۔۔ آیئے۔۔۔ مگر یہاں آپ کس جگہ پر بیٹھیں گی۔

مسز بھاٹیہ :میں یہاں تمہاری چارپائی پر بیٹھ جاؤں گی۔۔۔ تم اٹھنے کی کوشش نہ کرو۔۔۔ لیٹی رہو۔

چپلا :مگر۔۔۔ مگر۔۔۔ نہیں، نہیں، آپ کو میرے پاس نہیں بیٹھنا چاہئے۔ یہ بیماری

چھوت ہے۔ نہیں، نہیں، آپ دور ہی کھڑی رہیں اور جلد ہی باہر چلی جائیں۔

مسز بھاٹیہ :مجھے کچھ نہیں ہو گا۔ اگر کچھ ہو بھی گیا تو مجھے افسوس نہ ہو گا۔ میں تم سے معافی مانگنے آئی ہوں۔

چپلا :معافی ؟۔۔۔ کیسی معافی۔۔۔ آپ مجھے شرمندہ کر رہی ہیں۔

مسز بھاٹیہ :میں نے غلط فہمی میں تم سے کئی بار ایسی باتیں کی ہیں جن سے یقیناً تمہیں بہت دکھ پہنچا ہے۔ اب سوچتی ہوں اگر میں تمہاری جگہ پر ہوتی تو میرے دل کی کیا حالت ہوتی۔

چپلا :میری جگہ پر آپ ہوتیں تو۔۔۔ تو یہ حالات نہ ہوتے۔۔۔ لیکن آپ میری جگہ پر کیوں ہوتیں ؟ ہر ایک آدمی کے لیے ایک جگہ مقرر ہے۔ میرے لیے یہی جگہ مقرر تھی جہاں آکر مجھے اپنی زندگی کے سب سے بڑے پاپ کا پرائشچت کرنا تھا۔

مسز بھاٹیہ :پاپ۔۔۔ پرائشچت !

چپلا :میں اب سوچتی ہوں اگر یہاں سے میں اس روز چلی جاتی تو میرے من کی من ہی میں رہ جاتی۔ کوئی زمانہ تھا کہ میں بھی آپ ہی کی طرح تھی۔ میرا پتی تھا جو آپ کے پتی کی طرح بڑا شریف کاروباری آدمی تھا۔ مگر میری حاسد اور بات بات پر شک کرنے والی طبیعت کا برا ہو کہ میں نے اس کو ہمیشہ پریشان رکھا۔ وہ جی ہی میں کڑھتا تھا۔ میں ہر گھڑی اس کو جلی کٹی سناتی مگر وہ چپ رہتا۔ اس کو خاموش دیکھ کر میں سمجھتی۔ چونکہ یہ مجرم ہے اس لیے کوئی بات اس کی زبان پر نہیں آتی۔۔۔

مسز بھاٹیہ :یہ تو میری ہی کہانی ہے۔۔۔

چپلا :گوپال جیسا میرا بھی ایک بچہ تھا اور میری طرح اس کی بھی ایک استانی تھی جس پر میں شک کرتی۔ کئی جھگڑے ہوئے میں نے اپنے پتی اور اپنی دونوں کی زندگی کو نرک بنا

دیا تھا۔۔۔ اور۔۔۔ اور اس کا انجام یہ ہوا کہ اس معصوم عورت نے جو میرے بچے کو مجھ سے زیادہ عزیز سمجھتی تھی کچھ کھالیا اور مر گئی۔ اس کے بعد بھونچال آیا اور بچہ اور اس کا باپ دونوں ہمیشہ کے لیے مجھ سے جدا ہو گئے۔ لیکن اب۔ اب میں بھی ان کے پاس جا رہی ہوں۔

مسز بھاٹیہ :(اشک آلود آواز میں) نہیں، نہیں، تم زندہ رہو گی۔ میں تمہیں اپنی بہن بنا کے اپنے پاس رکھوں گی۔ عین اس وقت تک جب کہ میری آنکھیں کھلی ہیں تم ان سے اوجھل نہیں ہو سکتی ہو۔

چپلا :میں بہت خوش ہوں کہ اپنی آتما کا بوجھ ہلکا کرنے کے ساتھ میں نے ایک اچھا کام بھی کر دیا۔۔۔ بھاٹیہ صاحب اور آپ دونوں خوش رہیں۔ آپ کی زندگی پرماتما کرے سورگ بن جائے۔۔۔ لیکن آپ جایئے زیادہ دیر یہاں نہ ٹھہریئے۔۔۔ ایسا نہ ہو۔۔۔

(آواز ڈوب جاتی ہے۔)

مسز بھاٹیہ :چپلا۔۔۔چپلا۔۔۔

(دردناک سروں میں ساز بجتا ہے۔ مسز بھاٹیہ کے رونے کی آواز آتی ہے۔)

(فیڈ آؤٹ)

***

اس منجدھار میں

سعادت حسن منٹو

کردار   :

بیگم : ماں

امجد : بیگم کے بیٹے شکستہ

مجید : بیگم کے بیٹے ثابت و سالم

سعیدہ : امجد کی نئی نویلی حسین بیوی

اصغری : خادمہ

کریم اور غلام محمد : نوکر

پہلا منظر

(نگار ولا کا ایک کمرہ۔ ۔ ۔ اس کی خوبصورت شیشہ لگی کھڑکیاں پہاڑی کی ڈھلوانوں کی طرف کھلتی ہیں۔ حد نظر تک پہاڑی نظر آتے ہیں جو آسمان کی خاکستری مائل نیلاہٹوں میں گھل مل گئے ہیں۔ کھڑکیوں کے ریشمی پردے صبح کی ہلکی پھلکی ہوا سے ہولے ہولے سرسرا رہے ہی۔ یہ کمرہ جیسا کہ سازوسامان سے معلوم ہوتا ہے مجلہ عروسی میں تبدیل کیا جا رہا ہے۔ دائیں ہاتھ کو کھڑکیوں کے پاس ساگوان کی مسہری ہے۔ اس

کے ساتھ ہی ایک کونے میں شیشے کی تپائی جس پر بلور کی صراحی اور گلاس کے علاوہ ایک ٹائم پیس رکھی ہے۔ پیچھے ہٹ کر پیازی ٹفینے میں ملبوس صوفہ سیٹ ہے اس پر دو ملازم گدیاں سجا رہے ہیں۔۔۔ اس سے دور ہٹ کر ایک نوجوان خادمہ جو معمولی شکل وصورت کی ہے آتشدان پر سجائی ہوئی مختصر چیزوں کو اور زیادہ سجانے کی کوشش کر رہی ہے۔ کمرے کی فضا میں ایسی دوشیزگی ہے جو ذرا سی جنبش سے منکوحیت میں تبدیل ہو سکتی ہے۔۔۔ باہر سے ٹائلوں پر لکڑی کی ننھی ننھی ضربوں کی آواز آتی ہے۔ تینوں خادم ہلکے سے رد عمل کے بعد اپنے اپنے کام میں مشغول رہتے ہیں۔۔۔ دروازے سے ایک ادھیڑ عمر کی وجیہہ عورت بیساکھیوں کی مدد سے اندر آتی ہے اور کمرے کا جائزہ لے کر اپنے اطمینان کا اظہار کرتی ہے۔)

بیگم صاحب :(بیساکھیوں کی مدد سے کمرے میں ادھر ادھر پھر کر تمام چیزوں کو صحیح مقام پر دیکھ کر اطمینان کا اظہار کرتے ہوئے) ٹھیک ہے !(ایک بیساکھی کو اپنی بغل سے الگ کر کے صوفے کے بازو کے ساتھ رکھ کر بیٹھنا چاہتی ہے، مگر فوراً ہی اپنا ارادہ ترک کر دیتی ہے۔ ایسا کرتے ہوئے اس کا ایک ہاتھ سہارے کے لئے صوفے کے بازو کی چمکیلی سطح کے ساتھ چھوا تھا اور اس پر نشان پڑ گیا تھا۔ اپنے دوپٹے کا ایک کونہ پکڑ کر وہ یہ خود بخود مٹ جانے والا نشان بجھا دیتی ہے اور پھر بیساکھی اپنی بغل میں جما کر نوجوان خادمہ سے مخاطب ہوتی ہے)اصغری!

اصغری :(فوراً متوجہ ہو کر)جی!

بیگم صاحب :ایک دم یہ محسوس کر کے کہ وہ بھول گئی ہے کہ اس نے اصغری سے تخاطب کیوں کیا تھا) میں کیا کہنے والی تھی؟

اصغری :(مسکراتی ہے) آپ یہ کہنے والی تھیں کہ آپ کا اطمینان نہیں ہوا۔۔۔ میں بھی

یہی سمجھتی ہوں بیگم صاحب۔۔۔ دولہن بہت خوبصورت ہے۔۔۔ اس کمرے کی تمام سجاوٹیں اس کے سامنے ماند پڑ جائیں گی۔

(وہ آتش دان کے عین درمیان میں ریشمی ڈوریوں سے آویزاں، دولہن کی تصویر کی طرف دیکھتی ہے۔)

بیگم صاحب : (مسکراتی ہوئی۔۔۔ آتشدان کی طرف آہستہ آہستہ بڑھتی ہے اور اپنی بہو کی تصویر کو غور سے دیکھتی ہے۔۔۔ خوش ہوتی ہے لیکن ایک دم گھبرا سی جاتی ہے۔)اصغری!

اصغری : جی!

بیگم صاحب : صبح سے میری طبیعت۔۔۔ کچھ گھبرا سی رہی ہے۔

اصغری : امجد میاں جو آرہے ہیں اپنی دولہن کے ساتھ۔

بیگم صاحب : (اپنے خیالات میں کھوئی کھوئی) ہاں۔۔۔ بس آنے ہی والا ہے۔۔۔ کمال موٹر لے گیا ہے اسٹیشن پر۔

اصغری : اگلے سال مجید میاں کی شادی کر دیجئے۔۔۔ گھر میں رونق ہی رونق ہو جائے گی۔

بیگم صاحب : انشاء اللہ۔۔۔ وہ بھی انشاء اللہ اسی طرح بخیر وخوبی انجام پائے گی۔۔۔ (زیر لب) انشاء اللہ۔

اصغری : (دولہن کی تصویر کی طرف دیکھتی ہے اور اس کے حسن سے بہت متاثر ہوتی ہے) اللہ نظر بد سے بچائے۔

بیگم صاحب : (غیر ارادی طور پر قریب قریب چیخ کر) اصغری!

اصغری : (سہم کر) جی!

بیگم صاحب : کچھ نہیں۔۔۔ گاڑی کب آتی ہے کراچی سے؟

اصغری : معلوم نہیں بیگم صاحب۔

بیگم صاحب : (ایک خادم سے) دیکھو کریم تم ٹیلی فون کرو اور پوچھو۔۔۔ لیکن گاڑی تو کل ہی کی راولپنڈی پہنچ چکی ہے۔۔۔ مجید کا تار جو آیا تھا۔

کریم : جی ہاں!

بیگم صاحب : اور میں نے کمال کو کس اسٹیشن پر بھیجا ہے۔۔۔ (گھبرا کر) خدا معلوم میرے دماغ کو کیا ہو گیا ہے۔۔۔ امجد میاں کو رات راولپنڈی ٹھیرنا تھا۔۔۔ اپنے دوست سعید کے پاس۔۔۔ اور وہ تو میر اخیال ہے اب وہاں سے چل بھی چکے ہوں گے (دوسرے خادم سے) غلام محمد؟

غلام محمد : جی؟

بیگم صاحب : تم دیکھو کمال کہاں ہے۔۔۔ موٹر کہاں لے گیا ہے؟

غلام محمد : بہت اچھا!

(چلا جاتا ہے۔)

بیگم صاحب : (اصغری کے کاندھے کا سہارا لے کر) آج صبح سے میری طبیعت ٹھیک نہیں۔۔۔ چلنے پھرنے سے معذور نہ ہوتی۔۔۔ اس کم بخت ڈاکٹر ہدایت اللہ نے مجھے منع نہ کیا ہوتا تو میں دولہن کو ساتھ لاتی (دور سے ٹیلی فون کی گھنٹی کی آواز سنائی دیتی ہے) میر اخیال ہے شاید امجد میاں کے دوست کا ٹیلیفون ہے کہ وہ چل پڑے ہیں، جاؤ اصغری۔۔۔ بھاگ کے جاؤ۔

(اصغری دوڑی باہر جاتی ہے۔)

بیگم صاحب : (کریم سے۔۔۔ اپنی افسردگی دور کرنے کی خاطر) بس اب آتے ہی ہوں گے امجد میاں۔

کریم :اللہ خیر خیریت سے لائے۔

بیگم صاحب :(قریب قریب چیخ کر) کیا مطلب تمہارا۔

کریم :(ڈر کر) جی یہی کہ۔۔۔ جی یہی۔۔۔

(اصغری کی چیخیں سنائی دیتی ہیں۔ "بیگم صاحب، بیگم صاحب")

بیگم صاحب :(سراسیمہ ہو کر) کیوں کیا ہوا؟

(اصغری سخت اضطراب کی حالت میں اندر داخل ہوتی ہے۔)

اصغری :بیگم صاحب۔۔۔ بیگم صاحب۔

بیگم صاحب :(بیساکھیوں کو دونوں ہاتھوں سے مضبوط پکڑ کر) کیا ہے؟

اصغری :جی۔۔۔ مجید میاں کا ٹیلی فون آیا ہے کہ گاڑی۔۔۔ گاڑی ٹکرا گئی ہے۔

بیگم صاحب :(بیساکھیوں پر ہاتھوں کی گرفت اور زیادہ مضبوط ہو جاتی ہے) پھر؟

اصغری :مجید میاں اور ان کی دولہن دونوں زخمی ہوئے ہیں اور اسپتال میں پڑے ہیں۔

بیگم صاحب :(ہاتھوں کی گرفت ڈھیلی پڑ جاتی ہے۔۔۔ بیساکھیاں بغل سے گر پڑتی ہیں۔ ایک لحظے کے لئے وہ یوں کھڑی رہتی ہے جیسے پتھر کا بت۔۔۔ پھر اس میں تھوڑی سی جنبش ہوتی ہے اور وہ دروازے کی جانب بڑھتی ہے) کمال سے کہو، موٹر نکالئے۔۔۔ ہم راولپنڈی جا رہے ہیں۔

(بیگم دروازے کی جانب بڑھ رہی ہے۔۔۔ غلام محمد اور اصغری دونوں حیرت زدہ ہیں۔ اصغری زور سے چیختی ہے۔۔۔ بیگم پلٹ کر اس کی طرف دیکھتی ہے۔)

بیگم صاحب :کیا ہے؟

اصغری :آپ۔۔۔ آپ چل رہی ہیں۔۔۔ چل سکتی ہیں۔

بیگم صاحب :میں؟ (اپنی بغلوں میں بیساکھیوں کی عدم موجودگی کا احساس کرتے

ہوئے) میں ؟۔۔۔میں کیسے چل سکتی ہوں ؟

(ایک دم چکراتی ہے اور فرش پر گر کر بے ہوش ہو جاتی ہے۔)

اصغری :(بیگم کے پاس جاتے ہوئے، غلام محمد سے) غلام محمد جاؤ ڈاکٹر صاحب کو ٹیلی فون کرو۔

(غلام محمد جاتا ہے۔۔۔اصغری، بیگم کو ہوش میں لانے کی کوشش کرتی ہے۔)

۔۔۔پردہ۔۔۔

دوسرا منظر

(وہی کمرہ جو پہلے منظر میں ہے۔۔۔ایسا معلوم ہوتا ہے کہ اس میں جو ساز و سامان پہلے پڑا تھا۔ اب اپنا نیا نویلا پن کھو چکا ہے۔ اب ہر چیز دیر کی استعمال شدہ معلوم ہوتی ہے۔۔۔ صبح کا وقت ہے۔ کھڑکیوں کے ریشمی پردے صبح کی ہلکی لپکتی ہوا سے سرسرا رہے ہیں۔۔۔دائیں ہاتھ کی ساگوان کی مسہری پر دولہن سعیدہ کمل اوڑھے لیٹی ہے۔۔۔ شیشے کی تپائی پر پڑی ہوئی ننھی ٹائم پیس جس میں نو بجے ہیں، لندنا شروع کر دیتی ہے۔۔۔ ہلکی سی گھنٹی کی آواز پیدا ہوتی ہے۔۔۔کمبلوں میں جنبش پیدا ہوتی ہے۔۔۔سعیدہ کروٹ بدلتی ہے اور آنکھیں کھولتی ہے۔ جھک کر ننھی ٹائم پیس کی طرف دیکھتی ہے اور مسکراتی ہے۔ ایسا کرتے ہوئے اس کے خوبصورت چہرے پر چھائی ہوئی گھنی پلکیں پھڑ پھڑاتی ہیں۔۔۔کروٹ بدل کر وہ بستر میں تکیوں کا سہارا لے کر ذرا اوپر اٹھ آتی ہے اور باہر حد نظر تک پھیلی ہوئی پہاڑیوں کا دلکش منظر دیکھ کر بچوں کی سی مسرت محسوس کرتی ہے۔۔ ۔ پھر ایک دم ٹانگیں چلا کر کمبل اوپر سے ہٹاتی ہے اور اچک کر مسہری سے اترتی ہے اور کھڑکی کا پردہ ہٹا کر باہر دیکھنا شروع کر دیتی ہے۔۔۔کسی خوش الحان پرندے کی آواز سنائی

دے رہی ہے۔۔۔ سعیدہ اپنے خوابوں میں محو ہے۔ وہ جز ان ہے۔ شب خوابی کا ڈھیلا ڈھالا ریشمی لباس بھی جو اس کے بدن سے دور دور اپنی حریری دنیا الگ بسائے ہے، اس کے خوبصورت خطوط سے غافل نہیں۔۔۔ اور خود سعید کا ادراک بھی۔۔۔ اس کا سراپا حسین و جمیل ہے اور اپنے حسن و جمال سے آگاہ۔۔۔ اصغری کی کرخت آواز پرندے کی خوش الحانی کا تقابل پیش کرتی ہے۔ سعیدہ چونکتی ہے۔)

سعیدہ :(نگاہوں ہی نگاہوں میں "کیا ہے؟" پوچھتی ہے۔)

اصغری :مجید میاں ابھی ابھی ہسپتال سے آئے ہیں۔ کہتے تھے، جا کے دیکھو اب جگ گئیں یا نہیں؟

سعیدہ :کیا خبر لائے ہیں؟

اصغری :میں انھیں بھیجتی ہوں۔

(اصغری چلی جاتی ہے۔ سعیدہ کھڑکی کے پاس سے ہٹ کر سنگھار میز کے پاس آتی ہے۔ آئینے میں ایک لحظے کے لئے اپنے آپ کا جائزہ لیتی ہے۔ دونوں ہاتھوں سے اپنے بکھرے ہوئے بال سرسری طور پر ٹھیک کر کے مسہری کی طرف آہستہ آہستہ بڑھتی ہے۔ مسہری کے سرہانے اس کا جارجٹ کا سفید دوپٹہ لٹک رہا ہے۔ اسے اتارتی ہے اور بڑی بے توجہی سے اپنے کاندھوں پر ڈال لیتی ہے۔۔۔ باہر سے بوٹوں کی چرمی آواز آتی ہے، خفیف سے رد عمل کے ساتھ سعیدہ دروازے کی جانب دیکھتی ہے۔۔۔ مجید۔۔۔ سانولے رنگ کا متوسط نوجوان، جو مضبوط ہاتھ پاؤں رکھتا ہے اور جس کے چہرے کے خطوط عمر کے مقابلے میں زیادہ پختہ اور منجھے ہوئے ہیں، اندر داخل ہوتا ہے۔)

مجید :سلام بھابھی جان!

سعیدہ :سلام۔

مجید :(صوفے کے پاس آکر رکتے ہوئے)طبیعت کیسی ہے آپ کی؟

سعیدہ :(بے دلی سے)ٹھیک ہے (صوفے پر بیٹھ جاتی ہے) سنایئے کیا خبر لائے راولپنڈی سے؟

مجید :(سعیدہ کے سامنے آکر)کوئی خاص نہیں(آدھی سی آہ بھر کر)بس اب انھیں لے آئیں گے یہاں۔

سعیدہ :کیوں؟

مجید :وہ تنگ آ گئے ہیں (ایک مونڈھا گھسیٹ کر اس پر بیٹھتے ہوئے) ان کی جگہ میں ہوتا تو۔۔۔بہت ممکن ہے میں نے خودکشی کرلی ہوتی۔

سعیدہ :(اٹھ کر کھڑکی کی طرف جاتے ہوئے) کیا معلوم تھا میری قسمت میں یہ لکھا ہے۔۔۔اتنے آدمی مرے۔۔۔میں بھی ساتھ ہی مر گئی ہوتی۔

مجید :مگر یہ اللہ کو منظور نہیں تھا۔

سعیدہ :(کھڑکی سے باہر پہاڑیوں کا منظر دیکھتی ہے)ہاں، یہ اللہ کو منظور نہیں تھا۔۔۔اللہ کو یہ منظور تھا کہ میری ٹانگ پر ہلکی سی خراش آئے پر میری ساری زندگی زخموں سے چور چور ہو جائے (آنکھوں سے آنسو ٹپکنے لگتے ہیں۔۔۔ سفید دوپٹے سے وہ انھیں پر نزاکت طریقے سے ہولے ہولے خشک کرتی ہے) اللہ کو یہ منظور تھا کہ میرے سہاگ کی کمر ٹوٹ جائے اور میں ساری عمر ہوا میں کٹے ہوئے پتنگ کی طرح ڈولتی رہوں۔

(سسکیاں لیتی ہے۔)

مجید ۔:(اٹھتا ہے)بھابھی جان حوصلے سے کام لینا چاہئے۔۔ کیا پتا ہے وہ ٹھیک ہو جائیں۔

سعیدہ :(سرزنش کے طور پر) مجید، کم از کم تم تو مجھے دھوکا دینے کی کوشش نہ کرو۔۔۔ چھ مہینے ہو گئے ہیں انھیں ہسپتال کی چارپائی کے ساتھ لگے ہوئے۔۔۔ ڈاکٹروں کا جو فیصلہ ہے۔ میں اسے اچھی طرح جانتی ہوں۔۔۔ وہ کبھی ٹھیک نہیں ہو سکتے۔۔۔ ان کی دونوں ٹانگیں بیکار ہو چکی ہیں۔۔۔ لیکن۔۔۔ لیکن، میں ایک بات مانتی ہوں کہ ان میں بہت حوصلہ ہے۔۔۔ میں جب بھی ان کے پاس گئی۔ انھوں نے مجھے پاس بٹھا کر کہا، سعیدہ، کچھ فکر نہ کرو، میں بہت جلد تندرست ہو جاؤں گا۔۔۔ اور پھر میں تمہیں ان پہاڑیوں کی سیر کراؤں گا جن کا ذکر تم کراچی میں اتنی بار میرے منہ سے سن چکی ہو۔۔۔ مجھے ان پہاڑیوں سے پیار ہے۔۔۔ اتنا پیار ہے کہ تم ان کے متعلق اور سنو گی تو رشک کرو گی۔۔۔ اور وہ مجھے حوصلہ دینے لگتے کہ سعیدہ دنیا حادثوں کا دوسرا نام ہے۔۔۔ میں تو خدا کا شکر کرتا ہوں کہ میری جان نہیں گئی۔۔۔ ورنہ۔۔۔ پھر وہ ایسی بات کہتے کہ میرے رونگٹے کھڑے ہو جاتے۔

مجید :کیا؟

سعیدہ :(نمناک آنکھوں سے خلا میں دیکھتے ہوئے) کہ تم۔۔۔ کہ تم میرے بعد کسی اور کی ہو جاؤ گی۔۔۔ (کانپ جاتی ہے)۔۔۔ وہ۔۔۔ ایسی باتیں کیوں سوچتے ہیں مجید؟

مجید :معلوم نہیں۔

سعیدہ :تمہیں معلوم ہونا چاہئے (آہستہ آہستہ قدم اٹھاتی صوفے پر بیٹھ جاتی ہے۔۔۔ دوپٹہ ڈھلک آتا ہے۔۔۔ حریری لباس میں اس کا متلاطم سینہ ریشمی اتار چڑھاؤ پیدا کرتا ہے) تم مرد ہو۔۔۔ تم اس کے بھائی ہو۔۔۔ اگر اس حادثے کے تم شکار ہوتے۔۔۔ تو؟

مجید :میں کبھی ایسی باتیں نہ سوچتا جو امجد بھائی سوچتے ہیں؟

سعیدہ :کیوں؟

مجید :ہم دونوں مرد ہیں۔۔۔ دونوں بھائی ہیں۔۔۔ مگر دل اور دماغ کے اعتبار سے ہم دونوں بہت مختلف ہیں۔

سعیدہ :(بڑبڑاتی ہے) دل۔۔۔اور دماغ۔

(اصغری داخل ہوتی ہے۔)

اصغری :مجید میاں، آپ کو بیگم صاحب بلاتی ہیں۔

مجید :چلو، میں آتا ہوں۔

اصغری :انھوں نے کہا ہے جلدی آیئے۔

مجید :اچھا۔۔(سعیدہ کی طرف دیکھ کر) میں ابھی آتا ہوں۔

(چلا جاتا ہے۔)

اصغری :(فرش پر بچھے ہوئے رگ پر سعیدہ کے قدموں میں بیٹھ جاتی ہے اور اس کے پاؤں کی انگلیاں چٹخانا چاہتی ہے۔)

سعیدہ :(پاؤں ایک طرف کھینچ کر) جانے دو اصغری۔

اصغری :(پاؤں سے قریب قریب لپٹ کر) نہیں دولہن بیگم۔ (انگلیاں چٹخانا شروع کر دیتی ہے)۔۔۔ کیا خبر لائے ہیں مجید میاں۔

سعیدہ :کہتے تھے، وہ یہاں آنا چاہتے ہیں۔

اصغری :یہ تو بڑی خوش خبری کی بات ہے۔

سعیدہ :(دکھ کے ساتھ) ہاں!

اصغری :پر بیگم صاحب تو بہت ناراض ہو رہی تھیں کہ اتنی دیر کیوں لگا دی مجید میاں نے۔

سعیدہ :کہاں؟

اصغری : یہاں۔۔۔ آپ کے پاس۔

سعیدہ : میرے پاس؟۔۔۔ کیا کہتی تھیں بیگم صاحب۔

اصغری : کچھ نہیں۔۔۔ ان کا مزاج آج کل بہت چڑچڑا سا رہتا ہے۔۔۔ انھیں کوئی بات اچھی نہیں لگتی۔۔۔ انھیں۔۔۔ امجد میاں کا اتنا دکھ نہیں جتنا آپ کا ہے۔۔۔ ہر وقت آپ ہی کے متعلق سوچتی رہتی ہے۔۔۔ تو۔۔۔ امجد میاں ٹھیک ہو گئے ہیں نا؟

سعیدہ : (چڑ کر، اپنا پاؤں ہٹا کر اٹھتے ہوئے) ہاں ٹھیک ہو گئے ہیں۔

(بیگم کمرے میں داخل ہوتی ہے۔ اصغری اٹھ کھڑی ہوتی ہے۔)

سعیدہ : سلام خالہ جان!

بیگم صاحب : سلام بیٹا۔۔۔ جیتی رہو۔ (پاس آکر سعیدہ کے سر پر پیار کا ہاتھ پھیرتی ہے) تمہیں معلوم ہو گیا مجید سے کہ۔۔۔

سعیدہ : جی ہاں!

بیگم صاحب : غریب تنگ آگیا ہے وہاں ہسپتال میں۔۔۔ (اصغری کی طرف دیکھ کر) اصغری تم جاؤ۔

(اصغری چلی جاتی ہے۔)

بیگم صاحب : اس کی۔۔۔ اس کی خواہش ہے کہ وہ تمہارے پاس رہے۔۔۔ اس نے مجھ سے کہا کہ اگر مجھے مرنا ہی ہے تو میری سعیدہ میری نظروں کے سامنے ہونی چاہیئے۔۔۔

سعیدہ : (آنکھوں سے آنسو چھلک پڑتے ہیں۔ بیگم کے گلے سے لگ جاتی ہے۔)

بیگم صاحب : (آنکھوں سے آنسو رواں ہیں) وہ۔۔۔ وہ تم سے بے اندازہ محبت کرتا ہے۔۔۔ لیکن۔۔۔ لیکن اس نے کہا تھا تم سے پوچھ لیا جائے کہ تمہیں اس کے یہاں

آکر رہنے میں کوئی اعتراض تو نہیں۔

سعیدہ :اعتراض۔۔۔

بیگم صاحب :ہاں بیٹا۔۔۔ ہو سکتا ہے، یوں تمہارے دکھ میں اضافہ ہو سکتا ہے۔

سعیدہ :وہ ایسا کیوں سوچتے ہیں۔۔۔ خالہ جان وہ ایسا کیوں سوچتے ہیں۔

بیگم صاحب :بیٹا، وہ کچھ ایسے ہی دل و دماغ کا آدمی ہے۔۔۔ اس کو دوسروں کا ہمیشہ خیال رہتا ہے۔

سعیدہ :آئیں۔۔۔ کیوں نہ آئیں (لہجے میں چیخ سی پیدا ہو جاتی ہے) وہ ایسی باتیں نہ کیا کریں۔

بیگم صاحب :ڈاکٹروں نے کہا ہے، اگر وہ خوش رہے تو انشاء اللہ ایک دو مہینے میں بیساکھیوں کی مدد سے چل پھر سکے گا۔۔۔ (ایک دم پھوٹ پھوٹ کر رونے لگتی ہے) بیساکھیاں۔۔۔ جو اس کے گاڑی کے حادثے کی خبر سن کر میری زندگی سے الگ ہو گئی تھیں۔۔۔ مجھے معلوم ہوتا کہ یہ اس کی زندگی میں داخل ہونے والی ہیں تو میں ان کو مضبوطی سے پکڑ کے رکھتی۔۔۔ مگر بیٹا اس منجدھار میں جسے زندگی کہتے ہیں۔ مضبوط سے مضبوط کشتی لے ڈوبتی ہے اور ایک معمولی تنکا ہی کنارے لگا دیتا ہے۔۔۔ (توقف کے بعد) سعیدہ بیٹا، امجد نے مجھ سے ایک اور بات تم سے پوچھنے کا کہا تھا؟

سعیدہ :کیا خالہ جان؟

بیگم صاحب :کیا تم اس سے محبت کرو گی؟

سعیدہ :(بوکھلا کر) محبت۔۔۔

بیگم صاحب :(سعیدہ کے سر پر ہاتھ پھیرتی ہے) میں تمہیں زیادہ پریشان نہیں کرنا چاہتی۔۔۔

(چلی جاتی ہے۔)

سعیدہ : (دوپٹے سے اپنے آنسو خشک کرتے ہوئے بڑبڑاتی ہے) محبت۔۔۔ محبت؟۔۔۔ دل و دماغ (آہستہ آہستہ قدم اٹھاتی، آتش دان کے عین وسط میں ریشمی ڈوریوں سے لٹکی ہوئی اپنی تصویر کے سامنے کھڑی ہو جاتی ہے) بتا۔۔۔ کیا تو اس سے محبت کرے گی ؟

(ٹرے میں رکھی پیالیوں کی آواز آتی ہے۔۔۔ اصغری ناشتہ لئے اندر داخل ہوتی ہے اور پہیوں والی تپائی صوفے کے آگے لے جاتی ہے اور اس پر ناشتہ چن دیتی ہے۔)

اصغری : دولہن بیگم، امجد میاں سے محبت نہیں کریں گی تو اور کون کرے گی ؟

سعیدہ : (ایک دم چونکتی ہے) کیا کہا؟

اصغری : جی کچھ نہیں۔۔۔ ایسے ہی اپنے آپ سے باتیں کر رہی تھی۔۔۔ ناشتہ کر لیجئے۔

سعیدہ : تم جاؤ۔

اصغری : جی اچھا۔

(اصغری، ایک نظر سعیدہ کو اور ایک نظر اس کی تصویر کو دیکھتی باہر چلی جاتی ہے۔ سعیدہ آہستہ آہستہ سوچ میں مستغرق صوفے کی طرف بڑھتی ہے اور مسہری پر لیٹ جاتی ہے۔)

سعیدہ : (چھت کی طرف دیکھتے ہوئے بڑبڑاتی ہے) دولہن بیگم، امجد میاں سے محبت نہیں کریں گی تو اور کون کرے گی۔۔۔ (اونچی آواز میں) اور کون کرے گی ؟۔۔۔ اور کون کر سکتی ہے ؟

۔۔۔ پردہ ۔۔۔۔

تیسرا منظر

(نگار دلا سے ملحقہ باغیچہ۔۔۔ وسط میں پست قد تر شی ہوئی جھاڑیوں کے درمیان فوارہ ہے جس میں سے پانی کی پھوار دھڑک دھڑک کر باہر نکل رہی ہے، دھوپ کھلی ہے۔ آسمان نکھرا ہوا ہے۔ فضا میں عجیب سا کنوارا پن ہے۔۔۔ بے حجاب، ہر ذرہ نظارے کی دعوت لئے گویا قبولیت کا منتظر ہے۔۔۔ ایسا معلوم ہوتا ہے۔ ہوا چلتے چلتے ٹھیر سی گئی ہے کہ باغ کی بیلیں پھر سے اپنی زلفیں سنوار لیں، پھول اپنے گالوں کی سرخی درست کر لیں، اور بھنوروں کو جن کلیوں کا منہ چومنا ہے بے خوف و خطر چوم لیں۔۔۔ اس فضا میں گھاس کے ہموار قالین پر کرسیاں بچھی ہیں۔ ایک میں سعیدہ گلابی لباس میں ملبوس خود اپنا ہی عکس بنی بیٹھی ہے۔ دھوپ کی حدت سے اس کے غازے کے ہلکے سے غبار سے اس کی اپنی گلابیاں، سرخیاں بن بن کر باہر نکل رہی ہیں۔ دوسری کرسی میں مجید ہے جو ہولے ہولے سگریٹ کے کش لگا کر دھوئیں کے نیلے نیلے چھلے منہ سے نکال رہا ہے۔ اس کا چہرہ مطمئن ہے۔ سامنے امجد ہے۔۔۔ اپاہجوں کی کرسی میں۔۔۔ اس کے چہرے پر اپاہجوں کی کرسی والی کیفیت ہے جو کسی اور کی مدد کے بغیر نہیں چل سکتی۔۔۔ اس کا رنگ بہت زرد ہے مگر اس کی آنکھوں میں چمک ہے جو سعیدہ کے حسن و جمال کی بازگشت ہے۔)

امجد　:(اپنے دائیں بائیں دیکھ کر) آج موسم کتنا دلفریب ہے۔

سعیدہ　: (فوراً متوجہ ہو کر) جی ہاں۔

امجد　:مجید جاؤ، سعیدہ کو گھما لاؤ۔۔۔ ان پہاڑیوں کی سیر کرا لاؤ۔۔۔ (پیچھے مڑ کر دیکھنا چاہتا ہے) افسوس ہے، مجھ سے مڑا نہیں جاتا۔۔۔ مجید اٹھو۔۔۔ میری کرسی گھما کر ادھر کر دو۔۔۔ یہ منظر میری آنکھوں کے سامنے ہونا چاہئے۔

(مجید اٹھتا ہے۔ لیکن سعیدہ اس سے پہلے اٹھ کر امجد کی کرسی کا رخ پھیر دیتی ہے۔ اب تینوں کا منہ پہاڑ کی طرف ہے جو دھوپ میں۔۔۔ حد نگاہ تک اپنے منہ دھو رہی

ہیں۔)

امجد : (پہاڑیوں کے منظر کو اپنی نگاہوں سے پیتے ہوئے) سعیدہ، یہی ہیں وہ پہاڑیاں جن سے مجھے پیار ہے۔۔۔ اتنا پیار کہ میں بیان نہیں کر سکتا۔۔۔ (مجید سے) جاؤ، مجید، سعیدہ کو ساتھ لے جاؤ اور ان کی سیر کراؤ (سعیدہ سے) سعیدہ، جب تم ان پر چڑھتے چڑھتے ہانپنے لگو گی اور تمہاری سانس رکنے لگے گی تو تمہیں ایسا محسوس ہو گا کہ اس سے بڑھ کر دنیا میں اور کوئی لذت نہیں۔۔۔ میں مجید کو زبردستی ساتھ لے جاتا تھا۔ مگر یہ ایک چڑھائی کے بعد ہی ہمت ہار دیتا تھا۔۔۔ مجھ سے کہتا تھا، بھائی جان مجھے آپ کا یہ شغل پسند ہیں۔۔۔ یہ کیا کہ آدمی بیکار میں ہانپ ہانپ کر بے ہوش ہو جائے (ہنستا ہے) پہاڑیوں اور ان کو سر کرنے کا حسن اس کی سمجھ میں کبھی نہیں آئے گا۔ کیوں سعیدہ؟

سعیدہ : (مسکرا کر) جی ہاں۔

امجد : (مجید سے) جاؤ یار۔۔۔ سعیدہ کو لے جاؤ۔۔۔ کبھی کام بھی کیا کرو۔

مجید : (سعیدہ سے) چلئے بھابھی جان۔۔۔ مگر شرط لگا تا ہوں، آج تو یہ چلی جائیں گی۔ لیکن پھر کبھی ادھر کا رخ نہیں کریں گی۔

سعیدہ : نہیں، نہیں۔۔۔ یہ آپ کیونکر کہتے ہیں؟

امجد : اس لئے کہ یہ اور دل و دماغ کا آدمی ہے۔

سعیدہ : دل و دماغ؟۔۔۔ یہ کیا بلا ہے دل و دماغ؟

مجید : آپ کو ایک ہی پہاڑی چڑھنے سے معلوم ہو جائے گا۔

امجد : (ہنستا ہے) تم بکتے ہو مجید۔۔۔ سعیدہ کی زندگی کے سامنے تو ایک پہاڑ ہے۔۔۔ اگر یہ ایک معمولی سی پہاڑی کی چڑھائی ہی سے اکتا گئی تو۔۔۔

سعیدہ : چلئے مجید میاں۔

مجید :چلئے۔

(دونوں چلے جاتے ہیں۔۔۔ امجد مسکراتا ہے۔۔۔ اصغری داخل ہوتی ہے۔۔۔ اس کے ہاتھ میں پلیٹ ہے جس میں چھلے اور کٹے ہوئے سیب ہیں۔وہ معنی خیز نظروں سے مجید اور سعیدہ کو دیکھتی امجد کی جانب آتی ہے اور اس سے مخاطب ہوتی ہے۔)

اصغری :تھوڑے سیب کھالیجئے۔

امجد :(جو سعیدہ اور مجید کو ڈھلوانوں میں اترتے دیکھ رہا ہے) کھالوں گا۔

اصغری :(انہی کی طرف دیکھ کر) آج دولہن بیگم کتنی خوبصورت دکھائی دے رہی ہیں۔

امجد :(ایک دم پلٹ کر اصغری کو دیکھتے ہوئے) دکھائی دے رہی ہیں؟

اصغری :(خفیف سی بوکھلاہٹ کے ساتھ) جی۔۔۔جی ہاں!

امجد :(پھر سعیدہ اور مجید کو دیکھتے ہوئے) خوبصورت ہے۔ خوبصورت دکھائی نہیں دیتی۔۔۔ ہونے اور دکھائی دینے میں زمین و آسمان کا فرق ہے اصغری۔

اصغری :جی ہاں۔۔۔ یہ تو ہے۔

امجد :لاؤ سیب۔

اصغری :(پلیٹ بڑھاتے ہوئے) حاضر ہیں۔۔۔ پر چھلے ہوئے ہیں۔

امجد :تمہارا مطلب؟

اصغری :چھلی ہوئی چیز سے کوئی بھی دھوکا کھا سکتا ہے (ہنس کر)۔۔۔اس کے سرخ سرخ گال تو چھری سے اتر چکے ہیں۔

امجد :(ہنستا ہے) اصغری!۔۔۔ تم اب بہت شیطان ہو گئی ہو۔

اصغری :(سنجیدگی سے) شیطان؟۔۔۔ امجد میاں۔۔۔ آپ نے ایک بار مجھے بتایا تھا کہ شیطان خدا کا سب سے بڑا فرشتہ تھا، جس نے آدم۔۔۔ یعنی مٹی کے پتلے کے سامنے سجدہ

کرنے سے انکار کر دیا تھا۔

امجد : ہاں ہاں۔۔۔

اصغری : اور فرشتوں کے اس ہیڈ ماسٹر کو اس کی سزا دی گئی تھی۔۔۔

امجد : درست ہے۔

اصغری : تو یہ بھی درست ہے۔

امجد : کیا؟

اصغری : کچھ بھی نہیں۔۔۔ درست آخر ہوتا کیا ہے ؟۔۔۔ وہی جسے آپ درست سمجھ لیں، یا درست سمجھنے کی کوشش کریں یا وہ غلطی جو آپ ایک دفعہ اس لئے کر لیں کہ آئندہ درست ہوتی رہے گی۔ یا وہ درستی جسے آپ غلطی میں تبدیل کر کے یہ سمجھتے ہیں کہ آپ پھر درست کر سکتے ہیں۔۔۔ لیکن یہ سب بکواس ہے۔۔۔ میں ایک موٹی عقل کی عورت ہوں امجد میاں۔

امجد : تم آج کیسی باتیں کر رہی ہو؟

اصغری : میں ایک موٹی عقل کی عورت ہوں۔۔۔ لیکن ایک عورت ہوں امجد میاں۔

امجد : میں پھر نہیں سمجھا۔

اصغری : (سیب کی ایک قاش اٹھاتی ہے اور امجد کے منہ کے پاس لے جاتی ہے) آپ سیب کھایئے۔

امجد : (سیب کی قاش دانتوں میں لیتے ہوئے) تم پہلے کبھی ایسی باتیں نہیں کیا کرتی تھیں۔

اصغری : آج موسم ہی کچھ ایسا دلفریب ہے۔

امجد : کیا نہیں ہے؟

اصغری :(سیب کی دوسری قاش اٹھا کر) کیوں نہیں۔۔۔ یہ لیجئے ایک اور قاش۔۔۔
(دوسری قاش امجد کے کھلے ہوئے منہ میں ڈالتی ہے۔)

امجد :(سیب کھاتے ہوئے کچھ توقف کے بعد) اصغری!

اصغری :(جو پہاڑیوں کا منظر دیکھنے میں محو تھی، چونک کر) جی؟

امجد : تمہاری شادی کر دیں؟

اصغری : شادی؟

امجد : ہاں۔۔۔ اب تمہاری شادی ہو جانی چاہئے۔

اصغری : کیوں امجد میاں؟

امجد : شادی بڑی اچھی چیز ہے۔۔۔ دنیا میں ہر شے کی شادی ہو جانی چاہئے۔۔۔ زندگی میں شادی سے بڑھ کر اور کوئی خوشی نہیں۔۔۔ میں امی جان سے کہوں گا کہ اصغری کی جلدی شادی کر دیجئے۔

اصغری : نہ امجد میاں؟

امجد : کیوں؟

اصغری : مجھے ڈر لگتا ہے۔

امجد : کس سے؟

اصغری :(سبزے پر بیٹھ جاتی ہے۔ لہجہ فکرمند ہوتا ہے) شادی سے۔

امجد :(ہنستا ہے) پگلی!

اصغری : سچ کہتی ہوں امجد میاں۔۔۔ مجھے واقعی ڈر لگتا ہے۔۔۔ اول تو ایک نوکرانی کی شادی ہی کیا ہے۔ ہوئی ہوئی، نہ ہوئی نہ ہوئی۔۔۔ کیا فرق پڑتا ہے۔۔۔ لیکن ہو گئی تو کہیں ایسا نہ ہو گاڑی پٹری سے اتر جائے اور۔۔۔

امجد　:(دکھ کے ساتھ) اصغری!

اصغری :کہے جاتی ہے) گاڑی پٹری سے اتر جائے اور اصغری قیمہ قیمہ ہونے سے بچ جائے۔۔۔ ایک ٹانگ سے لنگڑی، ایک بازو سے لولی اور ایک آنکھ سے اندھی ہو جائے۔ ۔۔ آدھی اصغری غائب ہو جائے۔۔۔ آدھی بچ جائے۔۔۔ نا امجد میاں۔۔۔ میری شادی کا نام نہ لیجئے۔۔۔ شادی تو ایک سالم چیز ہے۔۔۔ آدھی یا چوتھائی چیز کو شادی نہیں کہتے۔

امجد　:(سوچتے ہوئے) اصغری!

اصغری :(گھٹی گھٹی آواز میں) جی!

امجد　:تم ٹھیک کہتی ہو (آواز میں انتہا درجے کا درد پیدا ہو جاتا ہے) لیکن دیکھو مجھے رنجیدہ نہ کرو۔۔۔ میں خوش رہنا چاہتا ہوں۔۔۔ اپنی ان دو شکستہ ٹانگوں پر بھی خوش رہنا چاہتا ہوں۔۔۔ مجھے نہ چھیڑو۔۔۔ میرے دل میں درد ہوتا ہے۔۔۔

اصغری :(امجد کے پاؤں پکڑ لیتی ہے) مجھے معاف کر دیجئے امجد میاں (آنکھوں میں آنسو آجاتے ہیں) جانے میں کیا بک گئی۔۔۔ آپ خوش رہیں۔۔۔ خدا آپ کو خوش رکھے۔

امجد　:(بہادری کے ساتھ) خدا کا نام نہ لو۔۔۔ اگر اس کو مجھے خوش رکھنا ہوتا تو مجھے اس حادثے کا شکار ہی کیوں کرتا۔۔۔ کیا تھا تو مار کر اپنے شکاری تھیلے میں کیوں نہ ڈال لیتا۔ ۔۔ اس کا نام نہ لو۔۔۔ میری اس کی دوستی ختم ہو چکی ہے۔۔۔ مجھے اگر خوش رہنا ہے تو اپنے رہے سہے وجود ہی کے سہارے خوش رہنا ہے۔۔۔ انہی ٹوٹی ہوئی ٹہنیوں پر چند تنکے چن کر مجھے اپنی خوشی کے آشیانے بنانا ہیں۔

اصغری :صرف اپنی خوشی کے؟

امجد　:(بہت زیادہ دکھ کے ساتھ) اصغری خدا کے لئے۔۔۔ تم اتنی کیوں ظالم ہو گئی ہو۔۔۔ تمہارے منہ میں اگر زبان پیدا ہوئی ہے تو کیا اسی لئے کہ تم میرے دکھ میں

اضافہ کرو۔۔۔ میں تم سے درخواست کرتا ہوں کہ میری مدد کرو۔۔۔ ایک اپاہج کی مدد کرو کہ وہ اپنی ٹوٹی ہوئی زندگی جوڑ جاڑ کے چند دن۔۔۔ صرف چند دن گزارے۔

اصغری : آپ درخواست نہ کیجئے امجد میاں۔۔۔ میرا کلیجہ پھٹتا ہے۔۔۔ آپ مالک ہیں، حکم دے سکتے ہیں۔۔۔ میری زندگی حاضر ہے۔

(اس کے موٹے موٹے آنسو امجد کے سلیپروں پر گرتے ہیں۔۔۔ اٹھ کھڑی ہوتی ہے اور ایک طرف چلی جاتی ہے۔)

امجد : (گردن جھکا کر اپنے سلیپروں کی طرف دیکھتا ہے جن پر سے اصغری کے آنسو لڑھک جاتے ہیں۔۔۔ گردن اٹھا کر اصغری کو دیکھتا ہے جو کہ جا رہی ہے)

(کوٹھی کی جانب سے بیگم نمودار ہوتی ہے۔ شال اوڑھے ہاتھ میں زیورات کے ڈبے لئے وہ امجد کے پاس آتی ہے۔)

بیگم صاحب : امجد بیٹا۔

امجد : (جلدی سے اپنے پاؤں کمبل میں چھپا کر) جی!

بیگم صاحب : سعیدہ کے لئے جو زیورات تم نے پسند کئے ہیں تیار ہو کر آ گئے ہیں۔ لو۔۔۔

(ڈبے امجد کی گود میں رکھ دیتی ہے۔)

امجد : (بچوں کے سے اشتیاق سے ہر ڈبہ کھول کر سارے زیورات دیکھتا ہے اور ابلتی ہوئی خوشی کا اظہار کرتا ہے) بہت اچھے ہیں۔۔۔ بہت عمدہ ہیں۔۔۔ بہت حسین ہیں۔۔۔ لیکن اتنے نہیں جتنی سعیدہ ہے۔۔۔ اصغری۔۔۔ اصغری!۔۔۔ ادھر آؤ۔

(اصغری جو ایک سرو کے ساتھ لگ کر کھڑی تھی۔ امجد کے پاس آتی ہے۔ امجد اسے تمام زیورات دکھاتا ہے۔)

امجد   : کہو کیسے ہیں؟
اصغری   : آپ خود کہہ چکے ہیں۔۔۔ حسین ہیں لیکن اتنے نہیں جتنی دولہن بیگم ہیں۔
امجد   : (ماں سے) امی جان۔ کپڑے کب آئیں گے۔
اصغری   : کل تک آ جائیں گے۔
امجد   : اور وہ بائیسکوپ مشین۔۔۔ کیوں نہیں آئی ابھی تک۔
بیگم صاحب : بیٹا۔۔۔ مجید آرڈر دے آیا تھا۔ ایک دو روز میں آ جائے گی۔
امجد   : اچھا (رک کر) امی جان!
بیگم صاحب : جی بیٹا۔
امجد   : کچھ اور بھی منگوانا چاہئے سعیدہ کے لئے۔۔۔ میں اسے ایک لحظے کے لئے بھی اداس نہیں دیکھنا چاہتا۔۔۔ ہر روز اس کے لئے کوئی نہ کوئی نئی چیز ضروری ہونی چاہئے۔
بیگم صاحب : سب کچھ تمہارے اختیار میں ہے۔ جو چاہو کرو۔
امجد   : اختیار؟ (رک کر) ہاں۔۔۔ تو۔۔۔۔ امی جان۔
بیگم صاحب : جی!
امجد   : کمال کو بھیجئے۔۔۔ اسپورٹس کی دکان جائے۔۔۔ جتنے کھیل اسے مل سکیں لے آئے۔۔۔ سعیدہ اور مجید کھیلا کریں گے اور میں دیکھا کروں گا۔۔۔ اور دیکھئے۔۔۔ اس سے کہئے کچھ ایسے کھیل بھی لے آئے جو میں۔۔۔ میں بھی سعیدہ کے ساتھ کھیل سکوں۔
بیگم صاحب : (بے حد متاثر ہو کر امجد کا سر اپنے ہاتھوں میں لے کر) میرے بچے!
(امجد بلک بلک کر رونا شروع کر دیتا ہے۔۔۔ اصغری ضبط نہیں کر سکتی اور چیختی ہوئی ایک طرف دوڑ جاتی ہے۔۔۔ بیگم کی آنکھوں سے خاموش آنسو رواں ہیں۔)

۔۔۔۔ پردہ ۔۔۔۔

چوتھا منظر

(وہی کمرہ جو پہلے اور دوسرے منظر میں ہے۔۔۔ رات کا وقت، فضا بالکل خاموش ہے۔ بڑے بے ڈھنگے طریق پر مسہری پر سعیدہ تین چار گدگدے تکیوں میں اپنا نیم سنہرے بالوں والا سر دبائے کوئی کتاب پڑھنے میں مشغول ہے۔۔۔ نظریں کتاب کے حروف کے بجائے اس کے اپنے دل کی جانب معلوم ہوتی ہیں۔ سینے کے مقام پر کمبل کی سلوٹیں چغلیاں کھا رہی ہیں اور ننھے سے تالاب میں جزر کا نقشہ پیدا ہو رہا ہے۔۔۔ بائیں طرف لوہے کی ہسپتالوں جیسی چارپائی بچھی ہے۔۔۔ اس کے ساتھ اپاہجوں والی کرسی میں امجد بیٹھا ہے۔ اس کے ہاتھ میں کتاب ہے۔ وہ اسے یوں پکڑے ہے جیسے کوئی شیشے کی چیز ہے۔ اس کی نظریں پریشان ہیں۔ کتاب کے حروف سے اٹھ کر کبھی وہ سعیدہ کے ہاتھوں پر جا بیٹھتی ہیں۔ کبھی اس کے سنہرے بالوں والے سر پر جو تکیوں میں دھنسا ہے۔۔۔ آخر اس سے نہیں رہا جاتا۔۔۔ کتاب بند کر کے اپنی گود میں رکھتا ہے اور بڑی آہستگی کے ساتھ سعیدہ سے مخاطب ہوتا ہے۔)

امجد :سعیدہ!

سعیدہ :(چونک کر) جی؟

امجد :میرا خیال ہے، اب سو جاؤ۔

سعیدہ :(کروٹ بدل کر امجد کو دیکھتے ہوئے) آپ سونا چاہتے ہیں تو میں غلام محمد اور کریم کو بلاؤں کہ وہ آپ کو لٹا دیں۔

امجد :(کھوکھلی آواز میں) لٹا دیں۔۔۔ نہیں سعیدہ۔۔۔ میں لیٹ لیٹ کے تھک گیا ہوں۔۔۔ آج یہیں کرسی پر سو جاؤں گا۔۔۔ تمہیں تکلیف نہ ہو تو اٹھ کے یہ بتی بجھا دو اور سبز بتی روشن کر دو۔

سعیدہ :(اٹھتی ہے) آپ بار بار میری تکلیف کا ذکر کیوں کرتے ہیں۔

امجد :میں خود تکلیف میں ہوں۔

سعیدہ :(چڑ کر) مجھے اس کا احساس ہے امجد صاحب۔۔۔ مگر بتایئے میں آپ کے لئے کیا کر سکتی ہوں۔۔۔ مجھ سے جو ہو سکتا ہے، میں کرنے کے لئے تیار ہوں۔۔۔ مگر مصیبت یہ ہے کہ آپ کو ہر وقت میری تکلیف کی پڑی رہتی ہے۔۔۔ مجھے کوئی تکلیف نہیں ہوتی۔

امجد :سعیدہ، تم بہت اچھی ہو۔

(سعیدہ بتی اوف کرتی ہے۔۔۔ چند لمحات کے لئے اندھیرا چھا جاتا ہے۔۔۔ پھر کمرے کی ہر چیز ہلکی ہلکی سبز روشنی میں نہانا شروع کر دیتی ہے۔)

سعیدہ :کاش میں اچھی ہوتی۔۔۔ اچھی ہو سکتی۔

(صوفے پر بیٹھ جاتی ہے۔۔۔ سینے سے اس کا اضطراب ظاہر ہے۔)

امجد :اس سے زیادہ تم اور کیا اچھی ہو سکتی ہو، سعیدہ۔

سعیدہ :(تیزی سے) جی نہیں۔۔۔ آپ نہیں جانتے۔

امجد :(بہت ہی ملائم آواز میں) اگر کسی وجہ سے میں نے تمہیں ناراض کر دیا ہے تو مجھے معاف کر دو۔

سعیدہ :(امجد کی طرف دیکھتی ہے۔۔۔ اٹھتی ہے اور مسکراتی ہوئی اپنی لمبی لمبی انگلیوں سے امجد کے بالوں میں کنگھی کرتی ہے) سچ تو یہ ہے امجد صاحب کہ میں آپ کے لائق نہیں ہوں۔

امجد :(سعیدہ کا ہاتھ پکڑ کر)۔۔۔ یہ تمہارے دل کی اچھائی ہے اگر تم ایسا سمجھتی ہو، ورنہ حقیقت اس کے بالکل برعکس ہے۔

سعیدہ :(بالوں میں کنگھی کرتے ہوئے) سو جایئے۔۔۔ کئی راتوں سے آپ جاگ رہے

ہیں۔۔۔ بلکہ جب سے یہاں آئے ہیں، ایک لحظے کے لئے بھی آپ کی آنکھ نہیں لگی۔

امجد   : مجھے نیند نہیں آئی سعیدہ۔

سعیدہ : کیوں؟

امجد   : معلوم نہیں کیوں۔۔۔ بس ایسا لگتا ہے کہ نیند کبھی آئی تھی نہ آئے گی۔۔۔ میں تو وہ راتیں بھی یاد کر نا بھول گیا ہوں جب سویا کرتا تھا۔

سعیدہ : کاش، میں آپ کو اپنی نیند دے سکتی۔

امجد   : نہیں سعیدہ۔۔۔ میں اتنی عزیز چیز تم سے نہیں چھیننا چاہتا۔۔۔ یہ تمہاری آنکھوں ہی کے لئے سلامت رہے جو نیند میں اور بھی زیادہ خوبصورت ہو جاتی ہیں۔۔۔ جاؤ، اب سو جاؤ۔

سعیدہ : میں کم بخت تو سو ہی جاؤں گی۔

امجد   : ایسا نہ کہو۔۔۔ خدا تمہارے بخت بلند کرے۔۔۔ جاؤ سو جاؤ۔

سعیدہ : (چڑ کر) آپ کیوں میرے ساتھ اتنی نرمی سے پیش آتے ہیں۔۔۔ امجد صاحب، مجھے اس سے بڑی وحشت ہوتی ہے۔۔۔ خدا کی قسم آپ کی یہ نرمی، یہ حلیمی، یہ انکسار، ایک دن مجھے پاگل بنا دے گا۔

(جھنجھلا کر تیزی سے مسہری کی طرف بڑھتی ہے اور خود کو بستر میں گرا دیتی ہے۔)

امجد   : مجھے ایسا لگتا ہے کہ میرے منہ سے جو باتیں نکلتی ہیں، وہ بھی ٹوٹی پھوٹی ہوتی ہیں۔

(سعیدہ خاموش رہتی ہے۔ کروٹ بدل کر وہ اپنا منہ دوسری طرف کر لیتی ہے۔ ۔۔ امجد اپنی گود میں سے کتاب اٹھاتا ہے اور اس کی ورق گردانی شروع کر دیتا ہے۔۔۔)

سکوت کا عالم ہے۔ ہلکی ہلکی سبز روشنی میں یہ سکوت اور بھی زیادہ نحیف ہو گیا ہے۔۔۔ کافی لمبا عرصہ خاموشی میں گزرتا ہے، بڑی بے زار سی خاموشی میں۔۔۔ امجد کے چہرے پر روشنی قبروں کے سبز غلاف کی طرح چڑھی ہے۔۔۔ اس کی نگاہیں کتاب سے ہٹ کر بار بار سعیدہ کی جانب اٹھتی ہیں، اور شرمسار ہو کر دبے پاؤں لوٹ آتی ہیں۔۔۔ تھوڑی دیر کے بعد امجد بہت زیادہ مضطرب ہو جاتا ہے۔)

امجد : سعیدہ!

سعیدہ : جی!

امجد : میں۔۔۔ میں تم سے ایک درخواست کرنی چاہتا ہوں۔

سعیدہ : (کروٹ نہ بدلتے ہوئے) کیا؟

امجد : کیا۔۔۔ کیا آج ہماری پہلی رات ہو سکتی ہے۔۔۔

سعیدہ : (بستر میں لرز سی جاتی ہے)

امجد : وہ رات۔۔۔ جو ابھی تک نہیں آئی۔

(سعیدہ خاموش رہتی ہے۔)

(وقفہ)

امجد : سعیدہ۔

سعیدہ : جی!

امجد : کیا تم میری یہ درخواست قبول کر سکتی ہو؟

سعیدہ : (کروٹ بدل کر امجد کو دیکھتی ہے۔۔۔ اس کی آنکھوں میں سپردگی کی زخمی خواہش تیر رہی ہے) کیسے امجد صاحب!

امجد : جھوٹ موٹ۔۔۔ محض میرے بہلاوے کے لئے۔۔۔ تم یہ فرض کر لو کہ میں

تمہارے پہلو میں لیٹا ہوں۔۔۔ میں یہاں فرض کرلوں گا کہ تم میرے پہلو میں لیٹی ہو۔۔
۔میں تم سے وہی باتیں شروع کروں گا جو پہلی رات کو مجھے تم سے کہنا تھیں۔۔۔ تم اسی طرح جواب دینا، جس طرح کہ تمہیں دینا تھا۔۔۔ میرے لئے۔۔۔ کیا میرے لئے تم جھوٹ موٹ کا کھیل کھیل سکتی ہو سعیدہ۔

سعیدہ : (آنکھوں میں سپردگی کی زخمی خواہش کی بجائے رحم کے آنسو تیر رہے ہیں) میں حاضر ہوں امجد صاحب۔

امجد : شکریہ۔

(طویل وقفہ)

امجد : آج ہماری پہلی رات ہے سعیدہ۔۔۔ وہ رات جس میں جوانیاں ارضی جنت کی طرف پہلا قدم اٹھاتی ہیں۔۔۔ وہ رات جس کی تمام پہنائیوں میں دو جی غوطہ لگاتے ہیں اور ایک ہو جاتے ہیں۔۔۔ شرماؤ نہیں۔۔۔ یہ رات تو وہ ہے جب تمام پوشیدہ حقیقتوں کے گھونگھٹ اٹھنے کے لئے بیتاب ہوتے ہیں۔ ہلکی سی سرگوشی، نرم سی آہ، ایک چھوٹا سا لمس، پریدہ سانس کا ننھا سا ہلکورا بھی ان گھونگھٹوں کے پٹ کھول دیتا ہے۔۔۔ اس قدر آہستہ کہ بے معلوم سرسراہٹ تک بھی نہیں ہوتی اور آدمی، دیدار۔۔۔ پورے دیدار کے تمام مراحل طے کر جاتا ہے۔۔۔ یہ وہ رات ہے جب نگاہیں ٹکرا ٹکرا کر تارے جھڑتی ہیں اور افشاں دونوں زندگیوں کے ایک ماتھے پر چنی جاتی ہے۔۔۔ یہ وہ رات ہے۔۔۔ پہلی رات، سب سے پہلی، جب آدم کی پسلیاں چیر کر حوا نکالی گئی تھی۔۔۔ یہ وہ رات ہے جس کی درازیِ عمر کے لئے، شاعر دعائیں مانگ مانگ کر ابھی تک نہیں تھکا۔۔۔ یہ وہ رات ہے جس کے حصول کے لئے جوانی کی جائے نماز بچھا کر زندگی اکثر سجدہ ریز رہی ہے۔۔۔ یہ وہ رات ہے جس میں حجاب کی تمام گرہیں فطرت کے ناخن خود کھولتے ہیں۔۔

۔ یہ وہ رات ہے جب قدرت کے تمام کارخانے صرف ایک ہی پرزہ ڈھال رہے ہوتے ہیں۔۔۔ وہ پرزہ جس نے کائنات کے ان تمام کارخانوں کو حرکت بخشی تھی۔۔۔ یہ وہ رات ہے جب تمام آوازیں واپس اپنے مخرجوں میں چلی جاتی ہیں کہ اس آواز کا جلوس انتہائی آرام وسکون سے گزر جائے۔ جس میں دکن کی گونج ہے۔۔۔ یہ وہ رات ہے جس کا ہر پردہ اجالے سے بنا ہے۔۔۔ یہ وہ رات ہے، ہر آنے والی رات جس کے حضور جھولی پھیلائے بھیک کی منتظر کھڑی ہے۔۔۔ یہ وہ رات ہے جب بدن کارواں رواں منہ کھول کے بولتا ہے اور کان کھول کے سنتا ہے۔۔۔ بڑے بڑے ان کہے راز۔۔۔ بڑے بڑے ان گائے راگ۔۔۔ (ایک دم چیخ کر) ڈھانپ لو۔۔۔ ڈھانپ لو۔۔۔ سعیدہ اپنا بدن ڈھانپ لو۔۔۔ یہ مجھے ڈس رہا ہے۔۔۔ اس کا ایک ایک خط تلوار کی دھار کے مانند میری لولی خواہشوں پر پھر رہا ہے۔۔۔ ڈھانپ لو۔۔۔ خدا کے لئے اپنا جسم ڈھانپ لو۔

سعیدہ　:(ہلکی ہلکی سبز روشنی میں گھاس کی نرم نرم پتیوں سے بنی ہوئی لاش کے مانند لیٹی ہے۔ اس کا بدن لرز رہا ہے۔۔۔ ایک ایک انگ کانپ رہا ہے) جی؟

امجد　:(بلک بلک کر رونے لگتا ہے) اپنا بدن ڈھانپ لو۔

(سعیدہ اپنا لرزتا ہوا بدن کمبل سے ڈھانپ لیتی ہے۔ امجد آنکھوں کے سامنے ہاتھ رکھے روتا رہتا ہے۔)

---پردہ---

پانچواں منظر

(نگار ولا سے ملحقہ باغیچہ۔۔۔ شام کا وقت۔ فوارے کا پانی کھل کھیل رہا ہے۔ سائے گہرے ہو چکے ہیں۔ پس منظر میں خاکستری پہاڑیاں شام کے دھندلکوں میں سنگینی

اختیار کر گئی ہیں۔ آسمان نے ایسا لگتا ہے اپنے بدن پر بھبوت مل لی ہے۔ تختوں کے سینے پر سبزہ خاموش لیٹا ہے۔ کرسیاں خالی ہے۔۔۔ ساری فضا خالی ہے۔ اس فریم کی طرح جس میں تصویر جڑی جانے والی ہے۔۔۔ مجید اور سعیدہ کی ہنسی کی آواز آتی ہے۔۔۔ چند لمحات کے بعد دونوں ہنستے، بڑی مشکل سے اپنی تھکاوٹ کا بوجھ اٹھاتے داخل ہوتے ہیں۔ ۔۔سعیدہ نڈھال ہو کر خود کو کرسی میں گرا دیتی ہے مجید اس کے پاس کھڑا رہتا ہے۔)

سعیدہ :(رانوں پر مکیاں مارتے ہوئے) اف۔۔۔ف!

مجید :(ہنستا ہے) آپ تھک گئیں۔۔۔ دبا دوں آپ کو؟

سعیدہ :(گھبرا کر) نہیں نہیں۔۔۔ اصغری کو بھیج دیجئے۔۔۔ مجھ سے تو اب دو قدم بھی چلنا دشوار ہے۔

مجید :(مسکراتا ہے) بہتر۔۔۔

(آگے بڑھ کر سعیدہ کے چہرے پر نیم سنہرے بالوں کی آوارہ لٹ انگلیوں سے اٹھا کر ایک طرف کر دیتا ہے۔)

سعیدہ :(بہت زیادہ گھبراہٹ سے) میں جاتی ہوں اندر۔

(اٹھنے لگتی ہے۔)

مجید :(ایک طرف دیکھ کر) لو، وہ اصغری خود ہی آگئی۔۔۔ آؤ، اصغری۔۔۔ بھابھی جان کے پاؤں دبادو۔

(اصغری داخل ہوتی ہے۔۔۔ اس کے ہونٹوں کے اختتامی کونے کپکپا رہے ہیں جیسے کچھ کہنے کے لئے تڑپ رہے ہیں۔ پاس آجاتی ہے۔)

اصغری :(سعیدہ سے) دولہن بیگم تھک گئیں آج؟

سعیدہ :(رانوں پر مکیاں مارتے ہوئے) ہاں!

اصغری :(گھاس پر بیٹھ کر، سعیدہ کی ایک پنڈلی دبانا شروع کرتی ہے۔ خطاب مجید سے ہے) یہ سب مجید میاں کا قصور ہے۔۔۔ اتنی بڑی سیر اور اتنی جلدی۔۔۔ (لہجے میں تیکھا پن ہے) ہر چیز دھیرے دھیرے ہونی چاہئے (ہولے ہولے دباتی ہے) اس طرح۔۔۔ ہولے ہولے (سعیدہ سے) کیوں دولہن بیگم۔۔۔ کچھ آرام محسوس ہوا آپ کو؟

سعیدہ :(دوسری ٹانگ جو اصغری کی گرفت سے آزاد ہے، اضطراب کا شدید مظاہرہ کرتی ہے) ٹھیک ہے، ٹھیک ہے!

اصغری :(مجید سے) مجید میاں، آپ جائیں۔۔۔ منہ ہاتھ دھو آئیں۔۔۔ گرد و غبار سے آپ کا چہرہ بالکل ان دھویا آلو بنا ہوا ہے۔

مجید :(تیزی سے) تم بہت گستاخ ہوگئی ہو۔۔۔ یہ سب۔۔۔

اصغری :(مجید کی بات کاٹ کر) دولہن بیگم کا قصور ہیں جنھوں نے مجھے منہ لگا لیا ہے (سعیدہ کے چہرے کی طرف دیکھ کر) ایسا خوبصورت منہ!

(مجید نگاہوں ہی نگاہوں میں غصہ برساتا چلا جاتا ہے۔)

اصغری :(ہنستی ہے) مجید میاں کی شکل و صورت یوں تو ماشاء اللہ بڑی اچھی ہے۔۔۔ مگر غصے میں ہمیشہ بگڑ جاتی ہے۔۔۔ آپ کا کیا خیال ہے۔

سعیدہ :تم مجھ سے ایسی باتیں نہ کیا کرو (اٹھا چاہتی ہے مگر اصغری کی مضبوط گرفت کے باعث نہیں اٹھ سکتی) چھوڑ دو مجھے۔

اصغری :(دباتے ہوئے) میں اس خدمت سے خود کو چھڑانا نہیں چاہتی (سعیدہ کے پاؤں سے سینڈل اتارتی ہے) مجید میاں کہہ رہے تھے، میں گستاخ ہوگئی ہوں۔۔۔ کیا یہ درست ہے دولہن بیگم۔

سعیدہ :بالکل درست ہے۔

اصغری :(بڑے اطمینان سے سعیدہ کے پاؤں کی انگلیاں چٹخاتے ہوئے) تو یہ بہت بری بات ہے۔۔۔ نوکرانی کو گستاخ کبھی نہیں ہونا چاہئے۔۔۔ آپ میرے کان کھینچئے۔

سعیدہ :خاموش رہو!

اصغری :یہ ظلم ہے۔۔۔ زبان بندی بہت بڑا ظلم ہے دولہن بیگم۔۔۔ میں نے ایسی کونسی بات کی جو آپ کو ناگوار گزری۔

سعیدہ :(اضطراب کے ساتھ) تمہاری سب باتیں مجھے ناگوار گزرتی ہیں۔

اصغری :اصغری بے چاری اب کیا کرے۔۔۔ (توقف کے بعد) میں تو یہ سمجھتی تھی کہ آپ جیسی لکھی پڑھی بیگم کی نوکری میں اس ایک برس کے اندر اندر ہی مجھے سب کچھ آ گیا ہے۔۔۔ پر اب ایسا معلوم ہوتا ہے کہ میں غلط سمجھی تھی۔۔۔ میں نے آپ سے کچھ بھی نہیں سیکھا؟۔۔۔ لیکن یہ کس کا قصور ہے؟ سیکھنے والے کا یا سکھانے والے کا؟

سعیدہ :(اپنی دونوں ٹانگیں ایک طرف سمیٹتے ہوئے فیصلہ کن انداز میں) تم کہنا کیا چاہتی ہو؟

اصغری :(مصنوعی حیرت سے) میں؟

سعیدہ :ہاں تم۔۔۔ کیا کہنا چاہتی ہو تم؟

اصغری :(سوچتے ہوئے) کہنے کو تو میں بہت کچھ کہنا چاہتی ہوں۔۔۔

سعیدہ :(اٹھ کر ننگے پاؤں گھاس پر چلتے ہوئے) تو کہہ ڈالو آج۔۔۔ مجھے تمہاری ہر روز کی مہین مہین چٹکیاں پسند نہیں۔۔۔ جو تم کہنا چاہتی ہو، میں سننے کے لئے تیار ہوں۔

اصغری :آپ بڑی ہمت والی ہیں دولہن بیگم۔

سعیدہ :میں ہمت والی ہوں، یا بزدل ہوں، تم اسے چھوڑو۔۔۔ جو کہنا چاہتی ہو آج اگل ڈالو۔

اصغری : یہ تے آپ کو اور مجھے دونوں کو تکلیف دے گی۔

سعیدہ : میری تکلیف کا تم کچھ خیال نہ کرو۔۔۔ میں برداشت کرلوں گی۔

اصغری : (سوچتے ہوئے) میں سمجھی تھی۔ میرے دانتوں تلے دبی ہوئی کٹاری دیکھ کر آپ ڈر جائیں گی۔ پر اب ایسا لگتا ہے کہ آپ چلتی چلتی ایسی جگہ پہنچ گئی ہیں جہاں زخموں کی کوئی پروا نہیں رہتی۔۔۔ اب تو مجھے خوف آنے لگا ہے آپ سے۔

سعیدہ : (اضطراب میں ادھر ادھر ٹہلتے ہوئے) اصغری!

اصغری : (چونک کر) جی؟

سعیدہ : تم مجھے یہ بتاؤ۔۔۔ اگر امجد میاں گاڑی کے حادثے میں مر جاتے تو میں کیا کرتی؟

اصغری : آپ؟۔۔۔ مجھے معلوم نہیں آپ کیا کرتیں۔

سعیدہ : میں جوان ہوں، خوبصورت ہوں۔۔۔ میرے سینے میں ایسے ہزاروں ارمان ہیں جو میں سترہ برس تک اپنے خیالوں کا شہد پلا پلا کر پالتی پوستی رہی ہوں۔۔۔ میں ان کا گلا نہیں گھونٹ سکتی۔۔۔ میں نے بہت کوشش کی ہے اصغری۔۔۔ میرا خدا جانتا ہے، میں نے بہت کوشش کی ہے، لیکن میں اپنے ہاتھوں کو اس قتل پر آمادہ نہیں کر سکی۔۔۔ تم مجھے کمزور کہہ لو۔۔۔ بزدل کہہ لو۔۔۔ اخلاق باختہ کہہ لو۔۔۔ تم ایک نوکرانی ہو۔۔۔ میں تمہارے سامنے اعتراف کرتی ہوں کہ میں اپنی جوانی کا باغ، جس کے پتے پتے، بوٹے بوٹے میں میرے کنوارے ارمانوں کا گرم گرم خون دوڑ رہا ہے، اپنے ہاتھوں سے نہیں اجاڑ سکتی۔۔۔ ویسے میں کسی کو بھی اجازت دے سکتی ہوں کہ وہ میری آنکھیں بند کر کے۔۔۔ نہیں۔۔۔ میرے تمام حواس میں تالے لگا کر بڑھاپے اور رنڈاپے کی عمیق ترین گہرائیوں میں اتار دے۔۔۔ یا ایک ہی بار دھکا دے کر مجھے اپنے ارمانوں کی لرزتی ہوئی چٹانوں کی چوٹیوں پر سے نیچے گرا دے، جن پر میں اس وقت تک دامن سمیٹے تند ہواؤں

کا مقابلہ کرتی رہی ہوں۔۔۔میں تم کو بھی اس کی اجازت دیتی ہوں۔

اصغری : (شکست خوردہ اٹھتی ہے) بس دولہن بیگم۔

سعیدہ : میں ایک ایسے دوراہے پر کھڑی ہوں اصغری، جہاں زمین میرے قدموں کے نیچے گھوم رہی ہے۔ میں جس راستے کی طرف منہ کرتی ہوں وہی مجھ سے منہ موڑ لیتا ہے۔۔۔ میں جو ارادہ کرتی ہوں، مجھ سے اپنا دامن چھڑا کے بھاگ جاتا ہے۔ میں اس کے پیچھے بھاگتی ہوں۔۔۔ اندھا دھند دوڑتی ہوں اور جب اسے پکڑ لیتی ہوں تو معلوم ہوتا ہے کہ وہ ریت کا بنا تھا۔ میرے پکڑتے پکڑتے ہی ڈھیر ہو جاتا ہے۔۔۔ اصغری تم نہیں جانتی ہو، میں کتنی دیر سے انگاروں کے بستر پر لوٹ رہی ہوں۔ بجھانے کے لئے میں پر پانی ڈالتی ہوں تو بھاپ کے ایسے بگولے اٹھتے ہیں جو مجھے اپنے ساتھ اونچائیوں میں لے جاتے ہیں اور جھنجھوڑ جھنجھوڑ کر ایک دم نیچے دے پٹکتے ہیں۔۔۔ میری ہڈی ہڈی، پسلی پسلی چور ہو چکی ہے اصغری۔۔۔ کیا ہی اچھا ہوتا اگر امجد صاحب کے بدلے میں اپاہج ہوئی ہوئی۔

(طویل وقفہ۔۔۔ اصغری خاموش کھڑی رہتی ہے۔۔۔ سعیدہ اضطراب میں ادھر ادھر ٹہلتی رہتی ہے۔)

سعیدہ : بتاؤ، مجھے کیا کرنا چاہئے۔

اصغری : (محویت کے عالم سے بیدار ہوتی ہے) کیا کرنا چاہئے؟۔۔۔ آپ کو۔۔۔ آپ کو امجد میاں کی موت کا انتظار کرنا چاہئے۔

سعیدہ : (کچھ دیر سوچ کر) تم مجھے انتہا درجے کی سنگدل کہو گی۔۔۔ لیکن میں پوچھتی ہوں۔۔۔ انھیں کب موت آئے گی۔

اصغری : جب اللہ میاں کو منظور ہو گا (بڑبڑاتی ہے) لیکن امجد میاں کی دوستی تو ان سے ختم ہو چکی ہے۔

سعیدہ : کیا کہا؟

اصغری : جی، کچھ نہیں۔

(اکھڑے اکھڑے قدم اٹھاتی اصغری چلی جاتی ہے۔۔۔ سعیدہ ننگے پاؤں گھاس کے ٹھنڈے ٹھنڈے فرش پر اضطراب کی حالت میں ٹہلتی رہتی ہے۔)

۔۔۔پردہ۔۔۔

چھٹا منظر

(نگار ولا۔۔۔ ڈرائنگ روم۔۔۔ وسیع و عریض کمرہ جو پرانی وضع کے ساز و سامان سے آراستہ ہے۔ ہر چیز وزنی اور پائیدار ہے۔۔۔ دیواروں پر آئل پینٹنگز آویزاں ہیں۔ جو خاندان کے مختلف افراد کی ہیں۔ ایک پینٹنگ بیگم کی ہے جب کہ وہ جوان تھی۔ اس پینٹنگ کے نیچے بیگم ایک صوفے پر بیٹھی تقابل پیش کر رہی ہے۔ تصویر میں وہ بے فکر ہے مگر صوفے میں سخت فکر مند۔ اس کا چہرہ غم و اندوہ کا مجموعہ ہے کوئی رونی چیز بن رہی ہے، مگر ایسا معلوم ہوتا ہے کہ اپنے خیالات و افکار کے الجھے ہوئے دھاگے کبھی لپیٹتی ہے کبھی کھولتی ہے۔۔۔ اصغری داخل ہوتی ہے۔)

بیگم : مجید میاں ملے؟

اصغری : جی ہاں!

بیگم صاحب : کہاں تھے؟

اصغری : باغیچے میں۔

بیگم صاحب : کیا کر رہے تھے؟

اصغری : جی؟۔۔۔ (رک کر) اکیلے بیٹھے تھے۔

بیگم صاحب :(اصغری کی طرف دیکھ کر نگاہیں نیچی کر کے) آرہے ہیں۔

اصغری :جی ہاں!

بیگم صاحب :تم جاؤ۔

(اصغری چلی جاتی ہے۔۔۔ مجید اس کی طرف دیکھتا اندر داخل ہوتا ہے۔)

مجید :کیا بات ہے! امی جان؟

بیگم صاحب :کچھ نہیں۔۔۔ بیٹھ جاؤ۔

مجید :(پاس ہی صوفے کی دوسری کرسی پر بیٹھ جاتا ہے) یہاں سردی ہے۔

بیگم صاحب :ہاں۔۔۔ یہاں سردی ہے۔

(وقفہ)

مجید :(بے چینی محسوس کرتے ہوئے) میرا خیال ہے۔۔۔ آپ نے مجھے یہاں کچھ کہنے کے لئے بلایا ہے۔

بیگم صاحب :ہاں!

مجید :فرمایئے؟

بیگم صاحب :میں تمہیں یہاں سے بھیجنا چاہتی ہوں۔

مجید :مجھے؟(اٹھ کر) کہاں؟

بیگم صاحب :بیٹھ جاؤ۔

مجید :(بیٹھ جاتا ہے) یہ لیجئے۔

بیگم صاحب :میں نے ابھی امجد سے بات نہیں کی۔

مجید :(پھر اٹھ کر کھڑا ہوتا ہے) کون سی۔

بیگم صاحب :یہی تمہیں یہاں سے بھیجنے کی۔

مجید :لیکن آپ مجھے یہاں سے کیوں بھیج رہی ہیں۔۔۔میرا مطلب ہے کوئی خاص کام ہے یا۔۔۔

بیگم صاحب :بیٹھ جاؤ۔

مجید :(بیٹھ جاتا ہے) کوئی خاص کام ہے؟

بیگم صاحب :نہیں۔

مجید :تو پھر مجھے یہاں سے کہیں باہر بھیجنے کی ضرورت کیوں محسوس کی گئی ہے۔

بیگم صاحب :کہ میں اسی میں بہتری سمجھتی ہوں۔

مجید :بہتری؟۔۔۔کس کی بہتری؟

بیگم صاحب :ہم سب کی۔۔۔اس گھر کی۔

مجید :(اٹھ کھڑا ہوتا ہے) آپ پہیلیوں میں بات کر رہی ہیں امی جان۔

بیگم صاحب :مجید تم میرے لڑکے ہو، میں تمہاری ماں ہوں۔۔۔میرے تمہارے درمیان کوئی ایسی گفتگو نہیں ہونی چاہیئے جو اس مقدس رشتے پر ذرا سی بھی کالک لگائے۔۔۔میں چاہتی ہوں کہ تم آج ہی کراچی چلے جاؤ اور جب تک میں کہوں وہیں رہو۔

مجید :لیکن امی جان۔۔۔

بیگم صاحب :(بات کاٹ کر) تمہارے وہاں بے شمار دوست موجود ہیں۔۔۔مجھے یقین ہے، تم ان کی مدد سے، یا خود اپنی ہمت سے، اس منجدھار میں سے جسے زندگی کہتے ہیں اپنی کشتی صحیح و سلامت کنارے لے جاؤ گے۔

مجید :(کچھ کہنا چاہتا ہے مگر کہہ نہیں سکتا اور بیٹھ جاتا ہے) بہت بہتر۔۔۔میں چلا جاؤں گا۔

بیگم صاحب :تمہارا فیصلہ۔۔۔

(ایک دم خاموش ہو جاتی ہے۔)

(کمرے میں امجد اپا ہجوں والی کرسی میں داخل ہوتا ہے جسے کریم چلا رہا ہے۔)

امجد : (مجید سے) یار مجید، تم بھی عجیب آدمی ہو۔۔۔ میں وہاں کمرے میں بیٹھا تمہارا انتظار کر رہا تھا کہ تم آؤ گے تو ہم دونوں سعیدہ کی سالگرہ کے تحفے کے متعلق سوچیں گے۔۔۔ لیکن تم یہاں بیٹھے ہو (بیگم صاحب سے) امی جان۔۔۔ آپ نے کیا سوچا۔۔۔ کیسا تحفہ ہونا چاہئے۔۔۔ میں تو سوچ سوچ کر پاگل ہو گیا ہوں۔

بیگم صاحب : تم سعیدہ سے کیوں نہیں پوچھتے۔

امجد : لو اور سنو (ہنستا ہے) حد کر دی آپ نے امی جان۔۔۔ اس سے مشورہ لیا تو تحفے کا مزا کیا خاک آئے گا (مجید سے) کیوں مجید؟

(مجید خاموش رہتا ہے۔)

امجد : بولو یار۔

مجید : (اٹھ کر) آپ امی جان سے پوچھئے۔۔۔ میں تو جا رہا ہوں۔

امجد : (حیرت سے) جا رہے ہو؟۔۔۔ کہاں جا رہے ہو؟

مجید : کراچی!

امجد : یقیناً تمہارا دماغ خراب ہو گیا ہے۔۔۔ کیا کرنے جا رہے ہو کراچی؟

مجید : کیا کرنے جا رہا ہوں، (پھیکی سی مسکراہٹ کے ساتھ) منجدھار میں سے اپنی کشتی نکالنے۔

امجد : (بیگم سے) کیا ہو گیا ہے اسے (مجید سے) بیٹھو یار۔۔۔ پرسوں اس کی سالگرہ ہے۔۔۔ ابھی ابھی فیصلہ ہو جانا چاہئے۔

مجید : فیصلہ تو ہو چکا ہے۔

امجد : کیا؟

مجید : کہ میں کراچی جارہا ہوں اور پھر کبھی واپس نہیں آؤں گا۔

امجد : کیا بکتے ہو (بیگم سے) امی جان، یہ قصہ کیا ہے؟

بیگم صاحب : کچھ نہیں۔۔۔ماں بیٹے میں لڑائی ہوگئی کسی بات پر۔

امجد : کس بات پر؟

بیگم صاحب : تم نہیں پوچھ سکتے۔

امجد : عدول حکمی تو ہوتی ہے۔۔۔ لیکن مجید میرا بھائی ہے۔۔۔ آپ کے اور اس کے درمیان اگر کوئی رنجش یا غلط فہمی پیدا ہوگئی ہے تو اسے دور کرنا میرا فرض ہے۔۔۔ مجید کو میں آپ سے زیادہ جانتا ہوں۔۔۔ اس سے ایسی کوئی غلطی سرزد نہیں ہوسکتی۔ جو آزار کا موجب ہو۔۔۔(مجید سے) ادھر آؤ مجید۔

مجید : بھائی جان، مجھے اپنا اسباب بندھوانا ہے۔

امجد : لاحول ولا۔۔۔ یہ سب کیا ہے۔۔۔(بیگم سے) امی جان۔۔۔ خدا کے لئے اسے روکئے۔۔۔ میرے لئے نہیں تو سعیدہ کے لئے روکیے۔۔۔ اس گھر میں ایک صرف یہی ہے جس نے ابھی تک اسے اداس نہیں ہونے دیا۔۔۔ میری خاطر اتنی زحمت برداشت کرتا ہے۔۔۔ اگر آپ نے اسے جانے دیا تو امی جان، میں نہیں جانتا، میرا کیا حال ہوگا۔۔۔ سعیدہ کو سیر کے لئے لے جاتا ہے تو میں تصور میں یہ سمجھتا ہوں کہ اس کے بدلے میں اس کے ہمراہ ہوں۔ اس کے ساتھ کوئی کھیل کھیلتا ہے تو وہ خلا بہت حد تک پورا ہو جاتا ہے جو قدرت کے بے رحم ہاتھوں نے میری زندگی میں پیدا کر رکھا ہے۔۔۔ میں تو کئی بار سوچتا ہوں امجد، اگر تیرا بھائی مجید نہ ہوتا تو کیا تیری شکستہ زندگی کا ملبہ تو اس قابل نہیں تھا کہ گھورے پر پڑا ہوتا۔۔۔ امی جان اسے روکئے۔۔۔ یہ تو میرا بازو ہے۔۔۔ کیوں آپ

اس کو مجھ سے جدا کر رہی ہیں۔۔۔ اللہ میاں کی جگہ نہ لیجئے امی جان۔

(رونے لگتا ہے۔)

مجید :میں جارہاہوں امی جان۔

بیگم صاحب :ٹھیرو!

مجید :(رک جاتا ہے۔)

بیگم صاحب :(اٹھتی ہے اور امجد کے سر پر ہاتھ پھیرتی ہے) امجد بیٹا۔۔۔ روؤ نہیں جان مادر۔۔۔ مجید نہیں جائے گا۔۔۔ جو چیز جہاں ہے وہیں رہے گی۔۔۔ اس لئے کہ اسے یہی منظور ہے۔۔۔ (مجید سے) مجید۔۔۔ بھائی کے پاس بیٹھو اور سعیدہ کی سالگرہ کے متعلق سوچو۔

(چلی جاتی ہے۔)

(مجید کچھ دیر سوچتا ہے۔ پھر امجد کی کرسی کی طرف بڑھتا ہے۔)

مجید :(آہستہ) بھائی جان، آپ مجھے جانے دیں۔

امجد :(جھکا ہوا سر اٹھا کر) جانے دوں؟۔۔۔ کہاں جانے دوں؟۔۔۔ پاگل مت بنو۔

مجید :آپ نہیں سمجھتے بھائی جان۔

امجد :میں سب سمجھتا ہوں۔۔۔ اپنا رومال نکالو اور ذرا میرے یہ آنسو پونچھ دو۔

مجید :(تھوڑے توقف کے بعد اپنا رومال نکالتا ہے اور امجد کے آنسو پونچھتا ہے۔۔۔ جلدی جلدی)

امجد :کیا کرتے ہو یار۔۔۔ تمہیں تو آنسو پونچھنا بھی نہیں آتا۔۔۔ (مسکراتا ہے) اتنا معمولی سا کام ہے۔

مجید :یہ معمولی کام نہیں بھائی جان۔

امجد : (مسکرا کر) اچھا بھائی بڑا جان جوکھوں کا کام ہے۔۔۔ آؤ ادھر بیٹھو۔۔۔ سعیدہ کی سالگرہ کے تحفے کے متعلق سوچیں۔ بیٹھو۔

مجید : (امجد کے پاس کرسی پر بیٹھ جاتا ہے) سوچئے۔

امجد : (آہ بھر کر) سوچتے ہیں بھائی سوچتے ہیں۔۔۔ سوچنے کے علاوہ اب اور کام ہی کیا ہے۔ لیکن ذرا تم بھی سوچو۔

(مجید اور امجد دونوں سوچ میں مستغرق ہو جاتے ہیں)

۔۔۔پردہ۔۔۔

ساتواں منظر

(نگار ولا سے ملحقہ باغیچہ۔۔۔ شام کا وقت۔ فوارے کا پانی بند ہے۔ جیسے وہ ابل ابل کر عاجز آ چکا ہے۔ پس منظر میں خاکستری پہاڑیاں دھندلکوں میں اپنی سنگینیاں جیسے چھپا رہی ہیں۔ فرش پر سبزہ روندا ہوا سا معلوم ہوتا ہے۔ دائیں طرف، فوارے سے دور ہٹ کر گھنی جھاڑیاں جن کے عقب میں امجد، اپاہجوں والی کرسی میں بیٹھا ہے۔ پشت پر اصغری کرسی کو دونوں ہاتھوں سے پکڑے ہے۔۔۔ وہ اسے چلانے لگتی ہے۔)

امجد : نہیں اصغری۔۔۔ کچھ دیر ٹھہرو۔

اصغری : (ٹھہر جاتی ہے) لیکن امجد میاں۔۔۔

امجد : میں آج اپنی زندگی کا آخری زخم کھانا چاہتا ہوں۔

اصغری : یہ زخم کھانا اگر آپ ضروری سمجھتے ہیں تو اپنے تصور ہی میں کھا سکتے ہیں۔۔۔ لیکن۔۔۔ یہ زخم تو آپ کے لگ چکا ہے۔۔۔ اسے دوبارہ کیوں کھانا چاہتے ہیں آپ؟

امجد :(مسکرانے کی کوشش کرتے ہوئے)میری حالت میں جو آدمی ہو اس کے بدھو پنے کی کوئی حد نہیں رہتی۔۔۔اپنے زخموں کے ٹانکے کھول کھول کر دیکھتا ہے۔انگوروں کی زبانی ٹیسوں کی داستانیں سنتا ہے اور خود کو بہت بڑا شہید سمجھتا ہے۔۔۔(ہنستا ہے) اصغری تمہاری کبھی کوئی چیز ٹوٹی نہیں،اس لئے تم لوگوں کا دردناک حال نہیں جانتی ہو جو عجز کی انتہا کو پہنچ کر شکست وریخت میں بلند بام عمارتیں بناتے ہیں۔

اصغری :(مسکراتی ہے)میں تو ان حدوں سے بھی آگے نکل گئی ہوں امجد میاں۔۔۔ بڑی اونچی اونچی عمارتیں بنا کر خود اپنے ہاتھوں سے ڈھا چکی ہوں۔۔۔ایسا کرتے کرتے تو میرے دل میں بھی گٹے پڑ چکے ہیں۔

امجد :(کانپ جاتا ہے)اصغری۔۔۔تم بڑی خوفناک ہو۔

اصغری :(ہنستی ہے) ہر اجاڑ خوفناک ہوتی ہے۔۔۔ حالانکہ بیچاری کیا خوفناک ہو سکتی ہے۔اسے اپنے ماتم سے اتنی فرصت ہی کہاں ملتی ہے جو دوسروں کو ڈرائے۔۔۔وہ تو خود دبکی ہوئی، سہمی ہوئی ہوتی ہے۔

امجد :تمہاری زندگی بھی کسی حادثے سے دوچار ہوئی؟

اصغری :جی نہیں۔۔۔اس جی کی زندگی کسی حادثے سے کیا دوچار ہو گی جو کہ خود ایک حادثہ ہے۔

امجد :تمہاری باتوں سے جلے ہوئے گوشت کی بو آتی ہے۔

اصغری :اس لئے کہ اب آپ کی سونگھنے کی حس جاگی ہوئی ہے۔

امجد :پہلے سو رہی تھی۔

اصغری :جی ہاں۔۔۔بہت گہری نیند۔

امجد :اسے جگایا کس نے ہے؟

اصغری : اس گاڑی نے جو پٹری سے اتر گئی۔

امجد : (بڑبڑاتا ہے) اس گاڑی نے۔۔۔ جو پٹری سے اتر گئی۔۔۔ (ذرا بلند آواز میں) کیا یہ پھر پٹری سے اترے گی؟

اصغری : جو اللہ میاں کو منظور ہے وہی ہو گا۔

امجد : اللہ میاں کا نام مت لو۔۔۔ میری اس کی دوستی ختم ہو چکی ہے۔

اصغری : نہیں امجد میاں، اس شخص سے ہم ایسوں کی دوستی کبھی ختم نہیں ہوتی۔۔۔ ٹوٹ ٹوٹ کے آپ جڑتی رہتی ہے۔

امجد : یہ سب بکواس ہے۔

(دونوں ایک دم چونکتے ہیں۔ قدموں کی آہٹ سنائی دیتی ہے۔۔۔ مجید اور سعیدہ ہانپتے ہوئے نمودار ہوتے ہیں۔۔۔ سعیدہ جو بہت تھکی ہوئی ہے، فوارے کی منڈیر پر بیٹھ جاتی ہے۔ مجید کھڑا رہتا ہے۔)

سعیدہ : آج تو میں بہت تھک گئی ہوں۔

مجید : حالانکہ ہم زیادہ دور نہیں گئے۔

سعیدہ : ہاں!

(وقفہ)

مجید : کیا ہی اچھا ہوتا، اگر میں کراچی چلا گیا ہوتا۔

سعیدہ : اچھا ہی ہوتا۔

مجید : میری جان عجیب مشکل میں پھنس گئی ہے۔۔۔ میں کراچی چلا جاتا۔۔۔ لیکن سوال ہے کیا میں اس منجدھار میں سے اپنی کشتی کھے کر کنارے لے جاتا؟۔۔۔ نہیں۔۔ ۔ میں ضرور ناکام رہتا۔

سعیدہ :مجھے معلوم ہے۔

مجید :تمہیں معلوم ہے۔۔۔ مجھے معلوم ہے۔۔۔ سوائے بھائی جان کے اور سب کو معلوم ہے اور یہی اس کہانی کا سب سے المناک حصہ ہے۔

سعیدہ :میں نے کئی بار سوچا ہے کہ ان سے کہہ دوں، لیکن (اٹھ کھڑی ہوتی ہے) مجھے ڈر ہے، وہ اس صدمے کی تاب نہ لا سکیں گے۔

مجید :مجھے خود اسی بات کا ڈر ہے۔۔۔ ڈاکٹروں نے کہا ہے کہ وہ زیادہ سے زیادہ ایک برس اور زندہ رہیں گے۔۔۔ غریب سے زندگی کا اتنا مختصر عرصہ چھیننا ظلم ہے۔

(جھاڑیوں کے عقب میں امجد اپنے دانت بھینچ لیتا ہے۔۔۔ اصغری مضبوطی سے اس کا کندھا پکڑ لیتی ہے۔)

سعیدہ :ہمیشہ کوشش کرنی چاہئے کہ جب تک وہ زندہ رہیں، خوش رہیں۔ ان کے احساسات کے نازک آبگینوں کو ہلکی سی ٹھیس بھی نہ لگے۔۔۔

مجید :اور اگر ہمارا کوئی چھالا گڑ کھا کے پھوٹ پڑا تو۔۔۔

سعیدہ :(قریب قریب چیخ کر) تو قیامت آجائے گی۔

مجید :اسی لئے میں سوچتا ہوں کہ میں چلا جاؤں۔۔۔ جب تک بھائی جان۔۔۔

سعیدہ :(ایک دم بات کاٹ کر) ایسا نہ کہو مجید۔۔۔ اتنے ظالم مت بنو۔

(امجد، اپاہجوں کی کرسی میں لرز جاتا ہے، اصغری اس کا دوسرا کندھا بھی مضبوطی سے پکڑ لیتی ہے۔)

مجید :محبت بڑی ظالم اور خود غرض ہوتی ہے سعیدہ۔۔۔ کم بخت دوسروں کی موت پر ناچنے کی خواہش کرتے ہوئے بھی نہیں شرماتی۔

سعیدہ :ہمیں ایسے خیال اپنے دماغ میں نہیں لانے چاہئیں۔

مجید : ٹھیک ہے۔۔۔ لیکن آجائیں تو کیا کریں۔

سعیدہ : کیا کر سکتے ہیں۔۔۔ چلو۔

(سعیدہ کوٹھی کی جانب چلتی ہے۔۔۔ مجید اس کے پیچھے آہستہ آہستہ قدم اٹھاتا ہے۔۔۔ جھاڑیوں کے عقب میں اپاہجوں والی کرسی میں امجد کا سر جھکا ہوا ہے۔ اس کے پیچھے اصغری بت بنی کھڑی ہے)

اصغری : چلیں؟

امجد : (اسی طرح سر جھکائے) نہیں۔۔۔ ابھی نہیں۔۔۔ میں سوچ رہا ہوں۔

اصغری : کیا؟

امجد : معلوم نہیں۔۔۔ شاید سوچ رہا ہوں کہ مجھے اب کیا سوچنا چاہئے۔

اصغری : ایسی سوچ بچار بالکل فضول ہوتی ہے۔

امجد : (سر اٹھا کر) فضول تو ہوتی ہے۔۔۔ مگر پھر کیا کروں۔۔۔ (وقفے کے بعد) وہ اتنے ظالم نہیں ہیں جتنی تم ہو۔۔۔ تم تو مجھے سوچنے سے بھی منع کرتی ہو۔۔۔ تم بڑی ظالم ہو اصغری!

اصغری : (مسکرا کر) محبت بڑی ظالم اور خود غرض ہوتی ہے امجد میاں۔۔۔ کم بخت اپنی موت پر بھی ناچنے سے باز نہیں آتی۔

امجد : میرے سامنے آؤ۔

(اصغری، امجد کے سامنے آتی ہے۔ امجد اس کی آنکھوں میں آنکھیں ڈال کر دیکھتا ہے۔۔۔ کچھ سوچتا ہے اور بڑبڑاتا ہے۔)

امجد : یہ کتاب اب تک کہاں پڑی تھی۔

اصغری : کہیں ردی کی ٹوکری میں۔۔۔ اپنی صحیح جگہ!

امجد : چلو۔۔۔مجھے لے چلو۔

(اصغری کرسی کھیتی ہے اور کوٹھی کی جانب چلتی ہے۔)

---پردہ---

آٹھواں منظر

(وہی کمرہ جو پہلے، دوسرے اور چوتھے منظر میں ہے۔رات کا وقت۔۔۔ چھت سے سبز روشنی کی پھوار گر رہی ہے۔۔۔ ہر شے کا اصل رنگ بدلا ہوا ہے، جیسے اعصاب زدہ مریضوں کا۔۔۔ مسہری خالی ہے۔کچھ اس طور پر خالی جیسے وہ کبھی آباد ہی نہیں تھی۔ ۔۔اصغری، امجد کو اپاہجوں والی کرسی میں اندر لاتی ہے۔)

اصغری : دولہن بیگم، بیگم صاحب کے کمرے میں کیوں چلی گئی؟

امجد : ڈرتی تھی۔

اصغری : آپ سے؟

امجد : (مسکرا کر) مجھ سے کوئی کیا ڈرے گا۔۔۔وہ اپنے آپ سے ڈرتی تھی۔

اصغری : وہ اتنی کمزور نہیں ہیں امجد میاں۔

امجد : وقت بڑے بڑے پہاڑ کھو کھلے کر دیتا ہے۔۔۔وہ تو ایک جوان لڑکی ہے۔

اصغری : (توقف کے بعد) آپ سونا چاہیں گے اب؟

امجد : سونا۔۔۔(ہنستا ہے) میر امذاق مت اڑاؤ اصغری۔۔۔میرے جلتے ہوئے زخموں کی توہین ہوتی ہے۔

اصغری : (توقف کے بعد) کیا آپ کو سعیدہ سے محبت ہے؟

امجد : نہیں۔

اصغری :تو پھر یہ جلتے ہوئے زخم کیسے ؟

امجد :مجھے سوچنے دو۔۔۔بولو اجازت دیتی ہو سوچنے کی؟

اصغری :آپ سوچئے۔

(طویل وقفہ جس میں امجد سوچ میں غرق رہتا ہے۔)

امجد :مجھے سعیدہ سے محبت نہیں ہے۔۔۔ جس طرح مارکٹ سے آدمی اچھی چیز چن کے لاتا ہے۔۔۔اسی طرح میں نے سینکڑوں لڑکیوں میں سے اسے انتخاب کر کے اپنی بیوی بنایا تھا۔۔۔مجھے اپنے اس انتخاب پر ناز تھا اور بجا نا تھا۔۔۔سعیدہ مبالغے کی حد تک خوبصورت ہے۔۔۔ اس پر میرا صرف اتنا حق ہے کہ میں نے اسے چنا اور اپنی رفیقہ حیات بنایا۔۔۔اس حیات کا جواب کچلی ہوئی اسی کرسی میں ڈھیر ہے۔۔۔جو کسی دوسرے کی مدد کے بغیر ہل نہیں سکتی۔۔۔ڈاکٹروں نے مجھے زیادہ سے زیادہ ایک سال اور زندہ رہنے کے لئے دیا ہے۔۔۔ سمجھ میں نہیں آتا میں کیوں اس عرصے تک اس کو ایسی زنجیروں میں باندھ کے رکھنا چاہتا ہوں جن کا ہر حلقہ میری اپنی زندگی کی طرح غیر یقینی ہے۔۔۔کچھ سمجھ میں نہیں آتا۔۔۔(سوچتے ہوئے)اس کی جوان خوبصورتی ہی ایک وجہ ہو سکتی ہے (ایک دم چونک کر) یہی، یہی۔۔۔یہی وجہ ہے اور کوئی نہیں۔۔۔(تکلیف محسوس کرتا ہے)اوہ۔۔۔اوہ۔۔۔وہ نظارہ۔۔۔وہ نظارہ۔۔۔مجھے بھول سکتا ہے۔ کبھی وہ نظارہ۔۔۔ اس مسہری میں جوان خوبصورتی اپنی تمام رعنائیوں کے ساتھ لیٹی دنیا کی حسین ترین ملبوسات کو شرمسار کر رہی تھی۔۔۔یہ نظارہ میرے ساتھ چمٹ گیا ہے۔۔۔ نہیں، میں اس کے ساتھ چمٹ گیا ہوں۔۔۔(وقفے کے بعد)اصغری!

اصغری :(چونک کر)جی!

امجد :کوئی ایسی صورت ہو سکتی ہے جو یہ چھل کر بچ کر میرے وجود سے علیحدہ ہو

جائے۔

اصغری : ہر مشکل کی چولی میں اس کو آسان کرنے کی ترکیب چھپی ہوتی ہے۔

امجد : تو ڈھونڈنی چاہئے۔۔۔ لیکن۔۔۔ لیکن مجھے حجاب کیوں محسوس ہوتا ہے۔

اصغری : معلوم نہیں کیوں۔۔۔ یہ مشکل، آپ ہی کی مشکل ہے۔ اس کے لئے آپ کا ہاتھ کسی نا محرم کا ہاتھ نہیں ہو گا۔

امجد : جانتا ہوں۔۔۔ میں اپنے دل کی ان تمام نا خلف نسوں سے واقف ہوں جو اس غلط جذبے کی دھڑکنیں پیدا کرتی ہیں۔۔۔ لیکن آج اس کا فیصلہ ہو جائے گا۔

اصغری : کس کا؟

امجد : میرے سامنے آؤ۔

(اصغری، امجد کے سامنے آ جاتی ہے۔)

امجد : جاؤ، مسہری میں لیٹ جاؤ۔

اصغری : (ہچکچا کر) امجد میاں۔۔۔ مجھ میں وہ جوان خوبصورتی نہیں ہے۔ جس کی رعنائیاں دنیا کے حسین ترین ملبوسات کو شرمسار کر سکیں۔۔۔ میری جوانی تو کھردرے ٹاٹ کی شرمندۂ احسان ہونا چاہتی ہے۔

امجد : مسہری میں لیٹ جاؤ اصغری۔

اصغری : (آنکھوں سے آنسو چھلک پڑتے ہیں) نہیں امجد میاں۔۔۔ مسہری کو تکلیف ہو گی۔۔۔ یہ دولہن بیگم کے نرم اور نازک بدن کی عادی ہے۔

امجد : میں تمہیں حکم دیتا ہوں۔

اصغری : (سر جھکا کر) آپ مالک ہیں۔

(مسہری میں لیٹ جاتی ہے۔۔۔ آنکھیں چھت میں گڑ جاتی ہیں۔)

امجد : جانتی ہو آج کون سی رات ہے ؟۔۔۔ وہ رات ہے۔ جب ایک تڑی مڑی جوانی اور زیادہ تڑمڑ کر سالمیت اختیار کرنے والی ہے۔۔۔ یہ قیامت کی رات ہے یا فنا کی رات۔ ۔۔اس کے اندھیاروں میں وجود، عدم کی بھٹیوں میں پگھل کر ایک غیر فانی قالب اختیار کرے گا۔۔۔ یہ وہ رات ہے جس کے بعد اور کوئی رات نہیں آئے گی، اس کی اندھی آنکھوں میں ایسے کاجل سے تحریریں ہوں گی جو انھیں ہمیشہ کے لئے روشن کر دینے کی۔ ۔۔ یہ وہ رات ہے، جب موت کے نچھڑے ہوئے تھنوں سے زندگی کے آخری نظر سے ڈر کر خود بخود ہی باہر آ جائیں گے۔۔۔ یہ وہ رات ہے جب شکستگی اپنی کوکھ سے سربلند ایوانوں کو جنم دے گی۔۔۔ ایسے سربلند ایوان جن کے کنگروں کو عرش کی بلند ترین اونچائیوں سے ہم کلام ہونے کا شرف حاصل ہو گا۔ یہ وہ رات ہے، جب زم زم کا سارا پانی رینگ رینگ کر زمین کی تہوں میں چھپ جائے گا۔ اس کے بدلے خاک اڑے گی۔ جس سے پاکیزہ روحیں تیمم کریں گی۔۔۔ یہ وہ رات ہے۔ جب کاتب تقدیر اپنا قلم دان اوندھا کر کے فرش کے کسی کونے میں منہ دے کر روئے گا۔۔۔ یہ وہ رات ہے جس میں امجد اس دنیا کی تمام خوبصورتیوں کو تین دفعہ طلاق دیتا ہے اور ایک بدصورتی کو اپنے رشتۂ مناکحت میں لاتا ہے۔۔۔ (ایک دم چیختا ہے) اصغری۔۔۔ اصغری!

(اس دوران میں اصغری مسہری پر سے اٹھ کر کھڑکی کے پاس پہنچ کر اسے کھول چکی ہے اور اس کی سل پر کھڑی ہو کر نیچے گہرائیوں میں دیکھ رہی ہے۔)

امجد : (چیخ کر) یہ کیا کر رہی ہو اصغری؟

اصغری : (کھڑکی کی سل پر مڑ کر امجد کو دیکھتی ہے) ایجاب و قبول ضروری ہے میرے مالک!

(نیچے کود جاتی ہے۔)

امجد :(دونوں ہاتھوں سے آنکھیں ڈھانپ کر) اصغری!۔۔۔(ہاتھ ہٹاتا ہے اور چند لمحات کھلی کھڑکی کے اندھیرے کو دیکھتا رہتا ہے جو سبز دیوار میں تاریک زخم کے مانند منہ کھولے ہے) ایجاب و قبول!۔۔۔(بڑبڑاتا ہے) ایجاب و قبول واقعی ضروری ہے (زور لگا کر دونوں ہاتھوں سے اپنی کرسی آگے کو کھیتا ہے۔۔۔بڑی مشکل سے کھڑکی کے پاس پہنچ جاتا ہے)۔۔۔مجھے مشکل کو آسان کرنے کا یہ راستہ معلوم تھا۔۔۔ مگر شاید کسی انگلی پکڑنے والے کی ضرورت تھی۔۔۔

(کھڑکی کی سل دونوں ہاتھوں سے مضبوطی کے ساتھ پکڑتا ہے اور اپنا اپاہج جسم بڑی دقتوں سے اوپر اٹھاتا ہے اور دوسری طرف لٹکنا شروع کر دیتا ہے۔)

امجد :میری پہاڑیاں۔۔۔میری پیاری پہاڑیاں۔۔۔میری پیاری اصغری!

(اگلا دھڑ نیچے پھسلتا ہے اور ایک دم اس کا سارا وجود اندھیرا کھا جاتا ہے۔)

۔۔۔پردہ۔۔۔

***

انجام بخیر

پطرس بخاری

م۔۔ن۔۔ظ۔۔ر : (ایک تنگ و تاریک کمرہ جس میں بجز ایک پرانی سی میز اور لرزہ بر اندام کرسی کے اور کوئی فرنیچر نہیں۔ زمین پر ایک طرف چٹائی بچھی ہے، جس پر بے شمار کتابوں کا انبار لگا ہے، جہاں جہاں کتابوں کی پشتیں نظر آتی ہیں، وہاں شیکسپیئر، ٹالسٹائی، ورڈزورتھ وغیرہ مشاہیر ادب کے نام دکھائی دے جاتے ہیں۔

باہر کہیں پاس ہی کتے بھونک رہے ہیں، قریب ہی ایک برات اتری ہوئی ہے۔ اس کے بینڈ کی آواز بھی سنائی دے رہی ہے جس کے بجانے والے دق، دمہ، کھانسی اور اسی قسم کے دیگر امراض میں مبتلا دکھائی دیتے ہیں۔ ڈھول بجانے والے کی صحت البتہ اچھی ہے۔

پطرس نامی ایک نادر معلم میز پر کام کر رہا ہے، نوجوان ہے لیکن چہرے پر گذشتہ تندرستی اور خوش باشی کے آثار کہیں کہیں باقی ہیں۔ آنکھوں کے گرد سیاہ حلقے پڑے ہوئے ہیں، چہرے سے ذہانت پسینہ بن کر ٹپک رہی ہے، سامنے لٹکی ہوئی جنتری سے معلوم ہوتا ہے کہ مہینے کی آخری تاریخ ہے۔

باہر سے کوئی دروازہ کھٹکھٹاتا ہے، پطرس اٹھ کر دروازہ کھول دیتا ہے۔ تین طالب علم نہایت عمدہ لباس میں زیب تن کئے اندر داخل ہوتے ہیں۔)

پطرس : حضرات اندر تشریف لایئے، آپ دیکھتے ہیں کہ میرے پاس ایک کرسی ہے، لیکن جاہ و حشمت کا خیال پوچ خیال ہے، علم بڑی نعمت ہے۔ لہٰذا میرے فرزندو اس انبار سے ضخیم کتابیں انتخاب کر لو، اور ان کو ایک دوسرے کے اوپر چن لو، پھر ان پر بیٹھ جاؤ۔ علم ہی تم لوگوں کو اوڑھنا اور علم ہی تم لوگوں کا بچھونا ہونا چاہیئے۔

(کمرے میں پر اسرار نور سا چھا جاتا ہے، فرشتوں کے پروں کی پھڑ پھڑاہٹ سنائی دیتی ہے۔)

طالب علم : (تینوں مل کر) اے خدا کے برگزیدہ بندے، اے ہمارے محترم استاد، ہم آپ کا حکم ماننے کو تیار ہیں، علم ہی لوگوں کا اوڑھنا ہے اور علم ہی بچھونا ہونا چاہیئے۔

(کتابوں کو جوڑ کر ان پر بیٹھ جاتے ہیں۔)

پطرس : کہو، اے ہندوستان کے سپوتو! آج تم کو کون سے علم کی تشنگی میرے دروازے تک کشاں کشاں لے آئی۔

پہلا طالب علم : اے نیک انسان! ہم آج تیرے احسانوں کا بدلہ اتارنے آئے ہیں۔

دوسرا طالب علم : اے فرشتے! ہم تیری نوازشوں کا ہدیہ پیش کرنے آئے ہیں۔

تیسرا طالب علم : اے ہمارے مہربان! ہم تیری محنتوں کا پھل تیرے پاس لائے ہیں۔

پطرس : یہ نہ کہو، یہ نہ کہو۔ یہ میری محنت کا پھل ہے۔ کالج کے مقررہ اوقات کے علاوہ جو کچھ میں نے تم کو پڑھایا، اس کا معاوضہ مجھے اس وقت وصول ہو گیا جب میں نے تمہاری آنکھوں میں ذکاوت کی چمک دیکھی، آہ! کیا تم جانتے ہو کہ تعلیم و تدریس کیسا آسمانی پیشہ ہے؟ تاہم تمہارے الفاظ میرے دل میں ایک عجیب مسرت سی بھر گئے ہیں، مجھ پر اعتماد کرو اور بالکل مت گھبراؤ، جو کچھ کہنا ہے تفصیل سے کہو۔

پہلا طالب علم :(سر وقد اور دست بستہ کھڑا ہو کر) اے محترم استاد! ہم علم کی بے بہا دولت سے محروم تھے۔ درس کے مقررہ اوقات سے ہماری پیاس نہ بجھ سکتی تھی، پولیس اور سول سروس کے امتحانات کی آزمائش کڑی ہے، آپ نے ہماری دست گیری کی، اور ہمارے تاریک دماغوں میں اجالا ہو گیا۔ معزز استاد! آپ جانتے ہیں آج مہینے کی آخری تاریخ ہے، ہم آپ کی خدمتوں کا حقیر معاوضہ پیش کرنے آئے ہیں، آپ کے عالمانہ تجربے اور بزرگانہ شفقت کی قیمت کوئی ادا نہیں کر سکتا، تاہم اظہار تشکر کے طور پر جو کم مایہ رقم ہم آپ کی خدمت میں پیش کریں اسے قبول فرمائیں۔ ہماری احسان مندی اس سے کہیں بڑھ کر ہے۔

پطرس : تمہارے الفاظ سے ایک عجیب بے قراری میرے جسم پر طاری ہو گئی ہے۔

(پہلے طالب علم کا اشارہ پا کر باقی دو طالب علم بھی کھڑے ہو جاتے ہیں۔ باہر بینڈ یک لخت بجنے لگتا ہے۔)

پہلا طالب علم :(آگے بڑھ کر) اے مہربان مجھ حقیر کی نذر قبول فرمائیے۔

(بڑے ادب و احترام کے ساتھ اٹھنی پیش کرتا ہے۔)

دوسرا طالب علم :(آگے بڑھ کر) اے نیک انسان! مجھ ناچیز انسان کو متفّخر فرما۔

(اٹھنی پیش کرتا ہے۔)

تیسرا طالب علم :(آگے بڑھ کر) اے محترم استاد! مجھ ناچیز انسان کو متفّخر فرما۔

(اٹھنی پیش کرتا ہے۔)

پطرس :(جذبات سے بے قابو ہو کر) رقت انگیز آواز سے، اے میرے فرزندو! خدا کی رحمت تم پر نازل ہو، تمہاری سعادت مندی اور فرض شناسی سے میں بہت متاثر ہوا ہوں، تم کو اس دنیا میں آرام اور آخرت میں نجات نصیب ہو، اور خدا تمہارے علم کے

نور سے سینوں کو منور کرے۔

(تینوں اٹھنیاں اٹھا کر میز پر رکھ لیتا ہے۔)

طالب علم : (تینوں مل کر) اللہ کے برگزیدہ بندے! ہم فرض سے سبکدوش ہو گئے، اب ہم اجازت چاہتے ہیں کہ گھر پر ہمارے والدین ہمارے لئے بے تاب ہوں گے۔

پطرس : خدا تمہارا حامی و ناصر ہو، اور تمہاری علم کی پیاس اور بھی بڑھتی رہے۔

(طالب علم چلے جاتے ہیں۔)

پطرس : (تنہائی میں سر بسجود ہو کر) باری تعالیٰ تیرا لاکھ لاکھ شکر ہے کہ تو نے مجھے اپنی ناچیز محنت کے ثمرے کے لئے بہت دنوں انتظار میں رکھا، تیری رحمت کی کوئی انتہا نہ رہی، لیکن ہماری کم مائگی اس سے بھی کہیں بڑھ کر ہے اور یہ تیرا ہی فضل و کرم ہے کہ تیرے وسیلے سے اوروں کو بھی رزق ملتا ہے، اور جو ملازم میری خدمت کرتا ہے اس کا تو کفیل مجھ کو بنا رکھا ہے۔ تیری رحمت کی کوئی انتہا نہیں، اور تیری بخشش ہمیشہ ہمیشہ جاری رہنے والی ہے۔

(کمرے میں ایک بار پھر ایک پر اسرار سی روشنی چھائی ہے اور فرشتوں کے پروں کی پھڑ پھڑاہٹ سنائی دیتی ہے۔ کچھ دیر کے بعد پطرس سجدے سے سر اٹھاتا ہے اور ملازم کو آواز دیتا ہے۔)

پطرس : اے خدا کے دیانت دار اور محنتی بندے! یہاں تو آؤ۔

ملازم : (باہر سے) اے میرے خصال آقا! میں کھانا پکا کر آؤں گا۔ تعمیل شیطان کا کام ہے۔

(ایک طویل وقفہ جس کے دوران درختوں کے سائے دوگنے لمبے ہو گئے ہیں۔)

پطرس : آہ! انتظار کی گھڑیاں کس قدر شیریں ہیں۔ کتوں کے بھونکنے کی آواز کس خوش اسلوبی سے بینڈ کی آواز کے ساتھ مل رہی ہے۔۔۔

(سر بسجود گرتا ہے۔ پھر اٹھ کر میز کے سامنے بیٹھ جاتا ہے، اٹھنیوں پر نظر پڑتی ہے، ان کو فوراً کتاب کے نیچے چھپا دیتا ہے۔)

پطرس : آہ! مجھے زر و دولت سے نفرت ہے، خدایا میرے دل کو دنیا کے لالچ سے پاک رکھیو۔

(ملازم اندر آتا ہے۔)

پطرس : اے مزدور پیشہ انسان۔۔۔! مجھے تجھ پر رحم آتا ہے کہ ضیائے علم کی ایک کرن بھی تیرے سینے میں داخل نہ ہوئی۔ خداوند تعالیٰ کے دربار میں تم ہم سب برابر ہیں۔ تو جانتا ہے آج مہینے کی آخری تاریخ ہے، تیری تنخواہ کی ادائیگی کا وقت سر پر آ گیا، خوش ہو کہ آج تجھے تیری مشقت کا معاوضہ مل جائے گا، یہ تین اٹھنیاں قبول کر، اور باقی ساڑھے اٹھارہ روپۓ کے لئے کسی لطیفہ غیبی کا انتظار کر۔۔۔ دنیا امید پر قائم ہے اور مایوسی کفر ہے۔

(ملازم اٹھنیاں زور سے زمین پر پھینک کر گھر سے باہر نکل جاتا ہے۔)

(بینڈ زور سے بجنے لگتا ہے۔)

پطرس : خدایا! تکبر کے گناہ سے ہم سب کو بچائے اور ادبی طبقے کے لوگوں کا ساغرور ہم سے دور رکھ۔

(پھر کام میں مشغول ہو جاتا ہے۔)

(باورچی خانے سے کھانا جلنے کی بو آ رہی ہے۔۔۔ ایک طویل وقفہ، جس کے دوران میں درختوں کے سائے پہلے سے چوگنے لمبے ہو گئے ہیں۔ بینڈ بدستور بج رہا ہے۔

یک لخت باہر سڑک پر موٹروں کے آکر رک جانے کی آواز سنائی دیتی ہے۔ تھوڑی دیر بعد کوئی شخص دروازے پر دستک دیتا ہے۔)

پطرس :(کام پر سے سر اٹھا کر) اے شخص تو کون ہے؟

ایک آواز :(باہر سے) حضور میں غلاموں کا غلام ہوں، اور باہر دست بستہ کھڑا ہوں کہ اجازت ہو تو اندر آؤں اور عرض حال کروں۔

پطرس :(دل میں) میں اس آواز سے نا آشنا ہوں، لیکن لہجے سے پایا جاتا ہے کہ بولنے والا کوئی شائستہ شخص ہے۔ (بلند آواز سے) اندر آجایئے۔

(دروازہ کھلتا ہے اور ایک شخص لباس فاخرہ پہنے اندر داخل ہوتا ہے، گو چہرے سے وقار ٹپک رہا ہے لیکن نظریں زمین دوز ہیں، اور ادب واحترام سے ہاتھ باندھے کھڑا ہے۔)

پطرس :آپ دیکھتے ہیں کہ میرے پاس صرف ایک ہی کرسی ہے، لیکن جاہ و حشمت کا خیال بہت ہی پوچ خیال ہے۔ علم بڑی نعمت ہے۔ لہٰذا اے محترم اجنبی! اس انبار میں سے چند ضخیم کتابیں انتخاب کر لو، اور ان کو ایک دوسرے کے اوپر چن کر بیٹھ جاؤ۔ علم ہی لوگوں کا بچھونا اور علم ہی لوگوں کا اوڑھنا ہونا چاہیئے۔

اجنبی :اے برگزیدہ شخص! میں تیرے سامنے کھڑے رہنے میں ہی اپنی سعادت سمجھتا ہوں۔

پطرس :تمہیں کون سے علم کی تشنگی میرے دروازے تک کشاں کشاں لے آئی؟

اجنبی :اے ذی محترم! آپ میری صورت سے واقف نہیں، میں محکمہ تعلیم کا افسر اعلیٰ ہوں اور شرمندہ ہوں کہ کبھی آج تک نیاز حاصل کرنے کے لئے حاضر نہ ہوا۔ میری اس کوتاہی اور غفلت کو اپنے علم و فضل کے صدقے معاف کر دو۔

(آبدیدہ ہو جاتا ہے۔)

پطرس :اے خدا، یہ سب کیا وہم ہے، یا میری آنکھیں دھوکہ کھا رہی ہیں؟

اجنبی :مجھے تعجب نہیں کہ تم میرے آنے کو وہم سمجھو، کیونکہ آج تک ہم نے تم جیسے برگزیدہ انسان سے اس قدر غفلت برتی کہ مجھے خود اچنبھا معلوم ہوتا ہے۔ لیکن مجھ پر یقین کرو، میں فی الحقیقت یہاں تمہاری خدمت میں کھڑا ہوں اور تمہاری آنکھیں تمہیں ہرگز دھوکہ نہیں دے رہی ہیں، اے شریف اور غمزدہ انسان، اگر یقین نہ ہو تو میرے جسم پر چٹکی لے کر میرا امتحان کر لو۔

(پطرس اجنبی کے چٹکی لیتا ہے، اور اجنبی زور سے چیختا ہے۔)

پطرس :آپ فرمایئے میں سن رہا ہوں، گو مجھے یقین نہیں ہے کہ یہ عالم بیداری ہے۔

(اجنبی تالی بجاتا ہے، چھ خدام چھ بڑے بڑے صندوق اٹھا کر اندر داخل ہوتے ہیں، اور زمین پر رکھ کر بڑے ادب سے کورنش بجا کر چلے جاتے ہیں۔)

اجنبی :(صندوقوں کے ڈھکنے کھول کر) "میں بادشاہ معظم شاہزادہ ویلز" ویسرائے ہند اور کمانڈر انچیف ان چاروں کے ایماء پر ہدیۂ تحائف آپ کی خدمت میں آپ کے علم و فضل کی قدردانی کے طور پر لے کر حاضر ہوا ہوں۔ (بھرائی ہوئی آواز سے) ان کو قبول کیجئے اور مجھے مایوس نہ کیجئے ورنہ ان سب کا دل ٹوٹ جائے گا۔

پطرس :(صندوقوں کو دیکھ کر) سونا! اشرفیاں! جواہرات! مجھے یقین نہیں آتا۔

(آیۃ الکرسی پڑھنے لگتا ہے۔)

اجنبی :ان کو قبول کیجئے اور مجھے واپس نہ بھیجئے۔

(آنسو ٹپ ٹپ گرتے ہیں۔)

گانا۔۔ "آج موری انکھیاں پل نہ لاگیں۔"

پطرس :اے اجنبی! تیرے آنسو کیوں گر رہے ہیں، اور تو گانا کیوں گا رہا ہے، معلوم ہوتا ہے تجھے اپنے جذبات پر قابو نہیں ہے، یہ تیری کمزوری کی نشانی ہے۔ خدا تجھے تقویت دے اور ہمت دے، میں خوش ہوں کہ تو اور تیرے آقا علم سے اس قدر محبت رکھتے ہیں۔ بس اب ہمارے مطالعے کا وقت ہے کل کالج میں اپنے لیکچر سے ہمیں چار پانچ سو روحوں کو خواب جہالت سے جگانا ہے۔

اجنبی :(سسکیاں بھرتے ہوئے) مجھے اجازت ہو تو میں حاضر ہو کر آپ کے خیالات سے مستفید ہوں؟

پطرس :خدا تمہاری حامی و ناصر ہو، اور تمہارے علم کی پیاس اور بھی بڑھتی رہے۔

(اجنبی رخصت ہو جاتا ہے، پطرس صندوق کو کھوئی ہوئی نظروں سے دیکھتا رہتا ہے اور پھر یک لخت مسرت کی ایک چیخ مار کر گر پڑتا ہے، اور مر جاتا ہے۔ کمرے میں ایک پر اسرار نور چھا جاتا ہے اور فرشتوں کے پروں کی پھڑ پھڑاہٹ سنائی دیتی ہے۔ باہر بینڈ باجہ بج رہا ہے۔)

***

دروازہ

کرشن چندر

ڈرامے کے افراد اور اداکار

ماں: چندر کرن چھایا

کانتا: خورشید بیگم

شانتا: سرلا دیوی

مالک مکان: محمد حسین

اجنبی: تاج محمد

زمانہ: حال

(کھڑکی زور سے کھلتی ہے۔ بادل کی گرج ہلکی سی اور ہوا کے فراٹے کے ساتھ بارش کی آواز کمرے کے اندر سنائی دیتی ہے۔)

ماں : اب تو بارش بھی شروع ہو گئی بیٹی۔۔۔ (وقفہ)۔۔۔ اور یہ ہوا کا طوفان۔۔۔ (وقفہ)۔۔۔ اب کون آئے گا۔ اس طوفان کے اندھیارے میں۔۔۔ (وقفہ)۔۔۔ کانتا بیٹی۔ اب کیا وقت ہو گا؟

کانتا : مجھے نہیں معلوم۔

ماں :بتا بھی دے بیٹی (آبدیدہ ہو کر) اگر آج میری آنکھیں ہوتیں تو میں خود دیکھ لیتی۔

کانتا :گھڑی شانتا کے میز کے اوپر پڑی ہے۔ شانتا میز پر سے ہلے تو میں وقت معلوم کروں۔

ماں :شانتا بیٹی۔

شانتا :(کمرے کے دوسرے کونے سے آواز) ساڑھے آٹھ بجے ہیں۔

(وقفہ)

ماں :ساڑھے۔۔۔ آٹھ۔۔۔ رات ہو گئی۔ رات اور طوفان۔ اس طوفان میں اب کون آئے گا؟

شانتا :میں نے ونود سے کہا تھا۔

ماں :ونود کیوں ہمارے گھر آنے لگا۔ ونود کیوں کسی غریب بہن سے راکھی بندھوائے گا۔ شانتا تم نے ونود سے کب کہا تھا؟

شانتا :صبح ہی۔ ابھی وہ پوجا پاٹ سے فارغ ہوا تھا کہ اس کی بہن نے اس کے راکھی باندھ دی تھی اور اس نے اسے ایک پونڈ دیا تھا سچ مچ کا پونڈ سونے کا پونڈ۔ جب میں ونود کے گھر گئی تو اس وقت وہ ہنس ہنس کر اپنی بہن سے باتیں کر رہا تھا۔ لال چندن کا تلک اس کے ماتھے پر تھا۔ بال پانی سے بھیگے ہوئے تھے۔ ہاتھوں پر سنہری تاروں سے گندھی ہوئی راکھی۔ میں نے اس سے کہا بھیا راکھی بندھوا لو (آبدیدہ ہو کر) اس نے کہا شانتا تم گھر چلو میں ابھی چلا آتا ہوں۔ اب ساڑھے آٹھ بجے ہیں۔۔۔ رات ہو گئی۔

ماں :رات اور طوفان۔

(شانتا سسکیاں لیتی ہے۔)

ماں :رو نہیں بیٹی۔ ادھر آ میرے پاس۔ اگر اس وقت تیرا بھائی ہوتا میرا پیارا چاند! ہائے برا ہوا ان ڈاکوؤں کا جو میرے چاند کو اٹھا کر لے گئے۔ (کھڑکا) کون ہو؟

شانتا :ونود!؟

(بلی کا بولنا۔)

کانتا :(کمرے کا دروازہ کھول کر) نہیں بلی ہے۔ بارش سے پناہ مانگ رہی ہے۔

(میاؤں میاؤں۔)

ماں :کانتا اسے اندر لے آ۔

کانتا :لیکن ہم اسے کھلائیں گے کیا۔ گھر میں تو اب کچھ بھی نہیں۔

ماں :صبح کی ایک روٹی بچی تھی۔

شانتا :(شرمسار ہو کر) مجھے بھوک لگی تھی ماں، میں نے کھالی۔

(میاؤں میاؤں۔)

ماں :اگر تمہارے پتا اس وقت زندہ ہوتے۔۔۔

کانتا :(طنز سے) اگر۔

ماں :کیا کہا؟

کانتا :کچھ نہیں۔

ماں :کچھ تو کہا بیٹی۔ اندھی ماں کو نہ بتاؤ گی؟

کانتا :(چڑ کر) کچھ کہا ہو تو بتاؤں۔ تمہارے کان تو جیسے ہوا میں ہر وقت کسی کی آواز کو سنتے رہتے ہیں۔

ماں :لیکن مجھے وہ آواز کبھی نہیں سنائی دیتی۔ جب میرا پیارا چاند مجھے کہا کرتا تھا ماں۔ ماں۔ مجھے بھوک لگی ہے۔ ماں مجھے ماسٹر نے مارا ہے۔ ماں مجھے پیسہ دو۔ اس کا وہ گورا گورا

ہر وقت ہنستا ہوا چہرہ۔

کانتا　:(ناراضگی سے) ماں۔

ماں　:(ان سنی کر کے) جب وہ ہنستا تھا تو اس کے داہنے گال پر ایک عجیب خم سا پڑتا تھا؟ جو مجھے بہت بھلا معلوم ہوتا تھا اور جب ہمیں اس کے بال سنوار کر اسے ٹوپی پہناتی تھی۔ اس وقت میں اندھی نہ تھی بیٹا!

کانتا　:ماں!!

ماں　:ایک دن وہ سکول سے دوڑتا دوڑتا گھر پہنچا کہنے لگا ماں آج قصبہ میں جگہ جگہ اشتہار لگے ہوئے ہیں۔ کہ آج یہاں ڈاکہ پڑے گا۔ قصبے کے سب لوگ پریشان ہو رہے ہیں۔ ماسٹر جی نے ہمیں جلد چھٹی دے دی ہے۔ پھر کچھ دیر کے بعد چاند کے پتا جی بھی آ گئے۔ انھوں نے بھی یہی بات سنائی۔ وہ دن ہم نے جس پریشانی میں گزارا۔۔ تم تو اس وقت پیدا ہی نہ ہوئی تھیں۔ اچھا ہوا۔ ورنہ ڈاکو تمہیں بھی اٹھا لے جاتے اور پھر وہ رات۔ وہ کالی بھیانک رات۔

کانتا　:ماں!!

ماں　:(چیخ کر) میرا آٹھ سال کا بچہ۔ پلا پلایا۔ میرا لاڈلا۔ اکلوتا چاند۔ ہائے وہ سب کچھ لے گئے تھے۔ لیکن میرے بچے کو تو نہ لے جاتے۔ میں نے ان کے آگے ہاتھ جوڑے۔ اپنے بال کھول کر ان کے پاؤں پر دھرے لیکن انھوں نے ایک نہ سنی۔ کہتے تھے۔ کہ ایک مہینہ کے اندر پانچ ہزار روپئے ادا کر دو گے۔ تو تمہارا چاند تمہیں واپس مل جائے گا۔ میری ان آنکھوں کے سامنے وہ میرے لال کو اٹھا کر لے گئے تھے۔ تمہارے پتا رسیوں سے جکڑے ہوئے چارپائی پر پڑے تھے۔ چاند چلا رہا تھا۔ ایک ڈاکو نے اسی کے منہ پر زور سے طمانچہ مارا اور اس کے لبوں سے خون کی دھار پھوٹ کر بہنے لگی۔ وہ میرے سامنے

میرے لال کو لے گئے۔ کاش میں جنم اندھی ہی پیدا ہوتی۔۔۔ یوں کڑ کڑ کر میرے نصیبوں میں لکھا تھا۔ تمہارے پتا جی اسی سوچ میں گھل گھل کر مر گئے۔ کہ کہیں سے پانچ ہزار روپیہ اکھٹا نہ ہوا۔

(بادل کی گرج۔ بارش کی آواز تیز ہو جاتی ہے۔)

کھڑکی کی بند کر دو کانتا ہوا کے تیز فراٹے میرے رخساروں کو جیسے چیر رہے ہیں۔

شانتا : شانتا بہن کھڑکی کھلی رہنے دو۔ شاید ونود بھیا آتے ہوں کھڑکی بند دیکھ کر واپس چلے جائیں گے۔

کانتا : (دور سے کھڑکی کے قریب جا کر سر باہر نکالتے ہوئے) کوئی بھی نہیں آرہا۔ گلی سنسان پڑی ہے۔ چوراہے پر پولیس کا سپاہی جیپ کے نیچے کھڑا بارش میں بھیگ رہا ہے۔ اب کون آئے گا شانتا بہن تم نے ایک ونود سے کہا تو میں نے کتنوں سے کہا رام بھروسے سے شنکر لال سے ودیاناتھ سے لیکن سبھی ٹال گئے سبھی کہتے تھے گھر آکر بندھوائیں گے دیکھو کوئی اس وقت پہنچا؟ کون آئے گا؟ کسے ضرورت ہے کہ غریب بہنوں کا بھائی بنے۔ مفت کا خرچ اور پھر ہماری راکھی بھی کیا ہے؟ کچے سوت کا لال دھاگا جس میں نہ زری کے تار نہ موتیوں کی جھلک۔ نہ ریشم کے مسکراتے ہوئے پھول۔ ہماری راکھی بھی ہماری زندگیوں کی طرح پھیکی۔ اداس اور بے رنگ و بو ہے۔ اس راکھی کو کون پسند کرے گا؟ تم ونود پر آس لگائے بیٹھی رہو۔ میں کھڑکی بند کئے دیتی ہوں۔

کانتا : (طنز سے) تو جا کر اس پولیس مین کے راکھی باندھ آؤ جو چوراہے پر کھڑا ہے۔

ماں : ناحق غصہ کرتی ہو کانتا بیٹی۔

شانتا : آج تمہیں کیا ہوا ہے؟

کانتا : تمہارے ونود بھیا جو ابھی آرہے ہیں۔ ہاہاہا۔ ونود بھیا۔

ماں : کانتا! کانتا!!

کانتا : (بلند آواز میں) تو میں کیا کروں؟ جیسے میں نے پنڈت بنارسی داس کے بیٹے کو کہا ہی نہیں۔ جیسے میں چتر ویدی جی کے لڑکے سے ہاتھ جوڑ کر التجا نہیں کی کہ آئے اور ہم سے راکھی بندھوا جائے لیکن کوئی آئے بھی تو۔ اس گھر میں کون آئے گا اور کوئی یہاں آئے بھی کیوں؟ راکھی بندھوا کر اسے کون سی دکشنا مل جاتی۔ یہی سوکھی ہوئی روٹی اور باسی دال اور اب تو یہ گھر بھی ہمارا نہ رہے گا۔ میں نے تمہیں بتایا نہیں کہ مالک مکان آج دوپہر کو مجھے گھر سے باہر ملا تھا۔ کہہ رہا تھا آج تیسرا مہینہ شروع ہو گیا ہے۔ لیکن کرایہ ابھی تک نہیں پہنچا۔ کہتا تھا اگر ایک مہینہ تک کرایہ ادا نہ کیا تو اس مکان سے باہر نکلنا ہو گا۔

ماں : ہے بھگوان۔ ان لوگوں کا خون کس قدر سفید ہو گیا ہے لیکن سبھی لوگ تو ایسے نہیں ہوتے۔ سبھی لوگوں کے دل تو ایسے کٹھور نہیں ہوتے۔ راکھی کی کتھا میں شرون کمار کا بھی برنن ہے۔ شرون کمار بھی تو ایک براہمن کے بیٹے تھے۔ لیکن انھوں نے اپنے اندھے ماں باپ کی کتنی سیوا کی دن رات انہیں ڈولی میں اٹھائے کاندھوں پر اٹھائے پھرے اور سارے بھارت ورش کی جاترا کرا دی۔ یہی شرون کمار جینتی کا دن ہے اور آج کوئی غریب بہن کو راکھی بھی نہیں باندھنے دیتا کہ شاید مرجادا کا پالن کرنا پڑے۔ آج راکھی کا پوتر تہوار ہے اور اشنان اور پوجا پاٹ کے بعد وید منتروں کا اچارن اور ہون کے ساتھ لوگ پرانے جنیو بدلتے ہیں۔ گویا زندگی کا ایک نیا چولا، نیا روپ بدلتے ہیں اور میری بچی کی کوئی راکھی قبول نہیں کرتا۔

کانتا : (تلخی سے) یہ بھی تو ایک نیا روپ ہے۔

شانتا : ماں۔ کیوں اپنے جی کا ہلکان کرتی ہو کانتا تو بھی کیوں کچوکے پر کچوکے دیئے جاتی

ہے۔ماں !!اس جی جلانے سے کیا حاصل ؟اب سو جاؤ۔

ماں : میں سوتی رہوں یا جاگتی رہوں۔ میرے سونے اور جاگنے میں فرق ہی کیا ہے۔ میرے لئے تو کل دنیا اسی دن ایک کالی رات بن گئی تھی جس دن میرا لال مجھ سے چھینا گیا تھا۔ پھر جب پتی مر گئے تو زندگی کی آخری کرن بھی غائب ہو گئی۔ میرے لئے تو اس جنم میں اندھیارا ہی اندھیارا ہے۔ یہ وہ کالی رات ہے بیٹی جس کی کوئی صبح نہیں۔ وہ درد ہے جس کی کوئی دوا نہیں۔ وہ دکھ ساگر ہے جس کا کوئی کنارہ نہیں۔(ہوا کا جھونکا روزنوں میں گزر کر ایک دردناک سیٹی پیدا کرتا ہوا گزرتا ہے) یہ کس نے آواز دی ؟

شانتا : کوئی نہیں ہے ماں۔ گلی بالکل خالی ہے۔ یہ ہوا روزنوں میں سے آواز پیدا کرتی ہوئی گزر رہی ہے۔

کانتا : سو جاؤ ماں اور اپنے ان گیلے رخساروں کو پونچھ ڈالو۔ اٹھو ماں۔

ماں : بہت اچھا بیٹی۔ بہت اچھا بیٹی۔ چلو مجھے اوپر سونے کے کمرے میں لے چلو۔

(فرش پر لکڑی ٹیکنے کی آواز۔ قدموں کی آواز۔)

(کانتا گنگناتی ہے اور پھر آہستہ آہستہ پر سوز لے میں گاتی ہے۔)

نیر بھرے نین کی پنچھی
کس بدھ پیاس بجھاؤں
من کی بنسیا ٹوٹ چکی
اب کیسے اسے بجاؤں
چھوٹی سی نین کی نیا
بیچ سمایو ساگر

پلکوں کے پتوار لگا کر
کس بدھ پار لگاؤں
پنچھی کس بدھ پیاس بجھاؤں
ہردے میں دکھ درد بہت ہے
گھاؤ بہت ہیں پیڑ بہت ہے
پھر بھی یہ سونی ہے بستی
کیسے اسے بساؤں
پنچھی کس بدھ پیاس بجھاؤں
پنچھی ۔۔۔۔۔۔۔۔۔۔۔۔۔۔۔۔۔۔

شانتا   : کانتا بہن تم رو رہی ہو۔

کانتا   : (کھڑکی کھول کر) مہینہ تھم گیا ہے۔

(دروازے پر دستک)

کانتا   : تمہارے بھیا ونود ہوں گے۔

شانتا   : نہیں پنڈت ودیاناتھ ہوں گے۔

آواز   : دروازہ کھولو۔

(دروازہ کھولنے کی آواز)

کانتا   : اخاہ، آپ ہیں۔ تشریف رکھئے۔ کہئے اس وقت کیسے آنا ہوا؟ غالباً آپ راکھی بندھوانے کے لئے آئے ہیں۔ ذرا ٹھہریئے میں ابھی لال رنگ کا دھاگا لائی۔

مالک مکان   : میں۔۔۔ ار۔۔۔ میں۔۔۔ راکھی۔۔۔ اور۔۔۔ میں حاضر ہوا تھا یہ کہنے کے لئے کہ آپ نے تین ماہ کا کرایہ ادا نہیں کیا ہے۔۔۔ میں ار۔۔۔ ار۔۔۔ راکھی

نہیں بندھواؤں گا میں تو کبھی کا بندھوا چکا ہوں۔ بات یہ ہے کہ اگر آپ نے پرسوں تک کرایہ ادا نہ کیا تو آپ کو اس مکان سے نکلنا ہو گا۔

کانتا :اچھا یہ بات ہے۔ آج صبح ایک ہفتہ کی میعاد ملی تھی۔ اب دو دن رہ گئے۔ شریمان جی آج راکھی کے دن بھی آپ کو ایسی بات کرتے ہوئے شرم نہیں آئی۔ ٹھہریئے میں لائی لال سوت لاتی ہوں۔

مالک مکان :ار۔ ار۔ نہیں نہیں میں یہی کہنے کے لئے حاضر ہوا تھا۔ اب میں چلتا ہوں۔ مجھے ضروری کام ہے۔

(دروازہ زور سے بند ہو جاتا ہے۔)

(وقفہ)

شانتا :گیا!

کانتا :نہیں سمجھو سر پر ایک اور مصیبت آئی۔

شانتا :اب کیا ہو گا۔۔۔(وقفہ)۔۔۔کانتا بہن۔۔۔وقفہ۔۔۔کانتا بہن! یہ تم کھڑکی میں کھڑی کسے دیکھ رہی ہو؟

کانتا :اپنے آنے والے دنوں کو۔

شانتا :میں نے جو بستر کی چادر کاڑھ کر دی تھی اس کے مجھے صرف آٹھ آنے ملے ہیں۔

کانتا :دو روپیہ کرایہ کے لئے میں نے بھی بچا رکھے ہیں۔

شانتا :یہ تو اڑھائی روپئے ہوئے۔ ابھی چھ روپئے اور چاہئیں۔

کانتا :ہاں چھ روپئے اور چاہئیں۔

شانتا :اب کیا ہو گا! پرسوں تک چھ روپے کہاں سے آئیں گے؟ مجھے تو کوئی امید نظر نہیں آتی۔ چاروں طرف اندھیارہ ہی اندھیارہ دکھائی دیتا ہے۔

کانتا　:(طنز سے)ماں کی اندھی آنکھوں کی طرح؟

شانتا　:کانتا بہن تم مذاق کرتی ہو بے ہودہ مذاق۔ مجھے تمہاری یہ عادت مطلق پسند نہیں۔ اپنی ماں کے متعلق یہ الفاظ؟ تمہیں کیا ہو گیا ہے۔ میں تو پوچھتی ہوں کہ یہ چھ روپئے ہم پرسوں تک کہاں سے لائیں گے۔

کانتا　:سوچو! دماغ پر زور دو۔

شانتا　:مجھے تو کچھ نہیں سوجھتا۔

کانتا　:جب سب دروازے بند ہو جائیں اس وقت بھی عورت کے لئے ایک دروازہ ہمیشہ کے لئے کھلا رہتا ہے۔

شانتا　:تم کیا کہہ رہی ہو؟

کانتا　:اس دنیا میں مرد مالک ہیں اور عورتیں غلام۔ مرد خریدار ہوتے ہیں اور عورتیں جنس خرید۔ مرد کتے ہیں اور عورتیں ہڈیاں۔ مرد راکھی بندھوانا پسند نہیں کرتے۔ وہ راکھی توڑنا پسند کرتے ہیں۔

شانتا　:کانتا بہن تمہیں کیا ہو گیا ہے۔ تمہیں کیا ہو گیا ہے؟

کانتا　:سنو۔ اس کھڑکی کے ایک دوسری کھڑکی ہے۔ اس میں سے ایک اوباش مزاج نوجوان مجھے اکثر گھورا کرتا ہے۔ وہ ایک لحاظ سے خوبصورت بھی ہے ور دولت مند بھی اور پھر اس مکان کے نیچے گیرج میں اس کی ایک موٹر بھی ہے۔ اس نے کئی بار مجھے پریم پتر لکھے ہیں لیکن میں نے کبھی کسی کا جواب نہیں دیا۔ مجھے اس کی کھڑکی میں سے ابھی تک روشنی نظر آرہی ہے۔

شانتا　:کانتا بہن کھڑکی بند کرلو۔

کانتا　:تمہاری سب آشائیں پوری ہو سکتی ہیں۔ سبھی۔۔۔ چھ روپئے نہیں سینکڑوں

روپئے۔ ہزاروں روپئے بولو۔

شانتا : کانتا بہن کھڑکی بند کر دو۔۔۔ کھڑکی سے پرے ہٹ جاؤ نہیں مجھے خود ہی اسے بند کرنا ہوگا۔

(کھڑکی بند ہونے کی آواز)

کانتا : تم نے کھڑکی بند کر دی۔ بھولی شانتا لیکن میں اس کھڑکی سے باہر تو نہ کود سکتی تھی۔ میں تو جب جاؤں گی سامنے کا دروازہ کھول کر جاؤں گی۔

(فرش پر چلنے کی آواز۔)

(فرش پر تیز تیز قدموں سے بھاگنے کی آواز کسی جسم کے دروازے سے زور سے لگنے کی آواز۔)

کانتا : ہٹو مجھے جانے دو۔

شانتا : نہیں، میں نہیں جانے دوں گی۔

کانتا : دروازہ کھول دو۔

شانتا : نہیں میں دروازہ کبھی نہیں کھولوں گی۔

کانتا : میں کہتی ہوں دروازہ کھول دو، دروازہ کھول دو۔

شانتا : نہیں، نہیں۔ کبھی نہیں۔

کانتا : معلوم ہوتا ہے۔ تم ایسے نہیں ہٹو گی۔

(کشمکش کی آواز۔ شانتا کے منہ سے ایک بلند چیخ نکلتا ہے لیکن کانتا فوراً ہی اس کے منہ پر ہاتھ رکھ دیتی ہے۔)

(وقفہ)

(دروازہ پر دستک۔ زور زور سے دستک)

(وقفہ)

آواز :دروازہ کھولو۔

(وقفہ)

کانتا :(سرگوشی سے) دروازہ کھول دو۔ اب تو۔

(دروازہ کھلنے کی آواز)

(ایک اجنبی اندر داخل ہوتا ہے۔)

اجنبی :اوہ میں سمجھا۔ کوئی خون خرابہ ہو رہا ہے۔ میں باہر سے گزر رہا تھا کہ میں نے ایک چیخ سنی۔

کانتا :چیخ یا قہقہہ ؟

اجنبی :کچھ سمجھ لو بہن۔ لیکن مجھے تو چیخ ہی سنائی دی۔

شانتا :بیٹھ جایئے۔ تشریف رکھئے۔

اجنبی :شکریہ۔ (وقفہ) کیا آپ دونوں بہنیں یہاں اکیلی رہتی ہیں ؟

کانتا :یہ آپ نے کیسے جانا کہ ہم دونوں بہنیں ہیں ؟

اجنبی :(ہنستے ہوئے) آپ کے چہروں سے۔

شانتا :جی ہاں ہم اپنی ماتا جی کے ساتھ یہاں رہتی ہیں۔

اجنبی :اگر آپ برا نہ مانیں۔ پوچھوں کہ جھگڑا کس بات پر ہو رہا تھا؟

کانتا :راکھی تیوہار پر۔

اجنبی :اچھا آج راکھی ہے۔

کانتا :آپ کو معلوم نہیں ؟

اجنبی :میں بہت مدت سے سفر میں ہوں اس جگہ ابھی ابھی وارد ہوا ہوں۔ سفر میں

آدمی بہت سی باتیں بھول جاتا ہے۔۔۔اچھا تو پھر کیا ہوا؟

کانتا : یہ کانتا کہہ رہی تھی کہ راکھی کا تیوہار اچھا ہے، اور میں کہہ رہی تھی کہ مجھے اتنا پسند نہیں۔ شاید اس کی ایک وجہ یہ بھی تھی کہ ہم دونوں بہنوں کو آج بہت مایوسی ہوئی ہے۔ آپ دیکھئے ہمارا کوئی بھائی نہیں۔

کانتا : اور میں بہن شانتا سے کہہ رہی تھی کہ دروازہ کھول دے سامنے کے مکان۔۔۔

شانتا : خاموش کانتا!۔۔۔تو کیسی بچوں کی سی باتیں کرتی ہے۔ (وقفہ) ہوں۔ یہ بات ہے۔

(وقفہ)

اجنبی : کانتا لاؤ۔ تم۔ مجھے راکھی باندھ دو اور شانتا بہن تم بھی!

کانتا : کیا آپ راکھی بندھوائیں گے سچ مچ؟

شانتا : لیکن آپ تو پردیس میں ہیں۔

اجنبی : پردیسی بھی بھائی بن سکتے ہیں۔ بہن۔

کانتا : میں ابھی لال دھاگا لائی۔

شانتا : آپ کا نام کیا ہے؟

اجنبی : مجھے اجے کمار کہتے ہیں۔

کانتا : لیجئے ہاتھ بڑھایئے۔ شانتا تم بھی۔۔۔دوسری کلائی پر۔

شانتا : اجے بھیا۔

(سیڑھیوں سے اترنے کی آواز)

شانتا : یہ کیا؟ پونڈ! سچ مچ کے پونڈ۔۔۔سونے کے پونڈ۔

اجنبی : غریب بھائی کی طرف سے یہ نذر قبول ہو۔

(لکڑی ٹیکنے کی آواز قریب ہو جاتی ہے۔)

شانتا :(سرگوشی سے)ماں جی ہمیں۔

ماں :کون ہے! یہ کیا جھگڑا ہو رہا ہے؟

شانتا :(سرگوشی سے) آپ ٹکٹکی لگائے ان کی آنکھوں کی طرف کیوں تک رہے ہیں ؟انہیں کچھ دکھائی نہیں دیتا۔

کانتا :ہم راکھی باندھ رہے تھے اور شانتا خوشی سے ناچ رہی تھی۔

ماں :کیا ونود آگئے؟

شانتا :نہیں ماں۔ یہ اجے بھیاہیں (سرگوشی میں) ماتا جی کو پرنام کرو۔

اجنبی :ماتا جی پرنام۔

ماں :جیتے رہو بیٹا۔ تم کون ہو؟ ادھر کیسے آئے؟

اجنبی :جی میں باہر سے گزر رہا تھا۔ اس کمرے میں ان دونوں بہنوں کے جھگڑنے کی آواز سنی۔ دروازے پر دستک دی اور (ہنس کر) اندر چلا آیا۔ یہاں ان دونوں شریر لڑکیوں نے مجھے راکھی سے باندھ دیا۔

ماں :بہنیں ہیں بیٹا یہ تمہاری بہنیں۔ اس عمر میں راکھی باندھنے کی بہت چاہ ہوتی ہے۔ اچھا بیٹا تم اس شہر میں کیسے آ رہے ہو؟

اجنبی :یونہی ڈھونڈتا ہوا آ رہا ہوں۔ کھوج نکالنے کے لئے نکلا ہوں۔

ماں :کسے ڈھونڈ رہے ہو بیٹا؟

اجنبی :اپنے ماں باپ کو، مدت ہوئی مظفر گڑھ سے مجھے ڈاکو اٹھا لے گئے تھے، بہت مدت تک ان کے ساتھ رہا۔ پھر ایک دن ان کے چنگل سے نکل بھاگا۔ بمبئی جا کر ملازمت اختیار کر لی۔ پھر ماں باپ کا پتہ لگانے نکلا۔ مظفر گڑھ گیا۔ معلوم ہوا! پتا جی کا انتقال ہو گیا

ہے پھر اس شہر کا کسی نے پتہ دیا۔ اور میں ادھر سے۔۔۔

ماں : (اٹھ کر کھڑی ہو جاتی ہے، لکڑی زمین پر گر جاتی ہے۔) ادھر آؤ بیٹا اجے کمار، ذرا میرے قریب آؤ۔ میں تمہیں اپنی اندھی آنکھوں سے دیکھنا چاہتی ہوں۔ (قدموں کی آواز) اور قریب آؤ بیٹا۔ تمہارا چہرہ کہاں ہے؟ کہاں ہو تم اجے کمار بیٹا۔ یہ آنکھیں تمہیں پہچان نہیں سکتیں۔ لیکن ماں کی انگلیاں تمہیں پہچان لیں گی۔ ہاں یہ وہی ناک ہے وہی ہونٹ یہ کان کے پاس وہی تل میرے لال میرے چاند۔ میری چھاتی سے لگ جاؤ بیٹا۔ تم نے مجھے بہت دکھ دیا ہے۔

(سسکیوں کی آواز۔)

اجنبی : ماں!

کانتا، شانتا : بھیا!

ماں : ہاں ہاں وہی تو ہے تمہارا چاند۔ وہی گھنگرالے بال ہیں جن میں کنگھی کر کے تمہیں ٹوپی پہنایا کرتی تھی۔ وہی ابرو اور یہاں زخم کا نشان، بیٹا مجھے اچھی طرح پکڑ لو۔ مجھے گرنے نہ دینا اپنے طاقتور بازوؤں کا سہارا دو۔ میرے چاند۔ میری اندھی آنکھوں کے روشن ستارے۔ میری اجڑی زندگی کے اجیارے۔۔۔

اجنبی : ماں۔

(پردہ)

* * *